감정을 팔아라

이 도서는 인하대학교의 지원에 의하여 연구되었습니다.

마케팅을 결정하는 소비 감정의 힘

감정을 팔아라

김해룡·안광호 지음

원앤원북스

소비자와 기업을 위한
소비 감정 이야기

이 책을 마무리하다 보니 새해가 되었고 어느새 한 달이 훌쩍 지나
갔다. 첫날의 계획이나 소망을 다시 돌아보거나 미처 세우지 못한 계
획이 있다면 생각해보기 딱 좋은 시간이다. 사람들은 저마다 계획하고
소망하는 일들로 한 해를 시작한다. 그리고 그것을 채워가는 데는 소
비의 역할이 커 보인다. 어쩌면 한 해를 계획하는 것은 어떤 제품을 사
고 또 어디를 여행할지 계획하는 것과 크게 다르지 않을 것이다. 또한
언제나처럼 이러한 소비 덕분에 사람들은 웃고 행복해하고 때로는 후
회하기도 한다.

필자들은 그동안 대학에서 소비자와 마케팅에 대해 오랫동안 연구
하고 가르쳐오면서도 내심 한편으로는 아쉬움과 갈증을 느껴왔다. 소

비자들을 이해하는 것이 중요하다고 말하면서도 소비자의 감정에 대해서는 언제나 슬쩍 맛보기만 하고 지나쳐왔다. 진짜 소비자들을 이해하는 것에 대해서는 제대로 이야기하지 않았던 셈이다. 기업이 치열한 경쟁에서 차별화로 성공을 거두기 위해서는 '감정 마케팅'이 필요함을 강조하면서도 '소비 감정'에 대해서는 구체적으로 접근하지 않았다. 여러 가지 사례들을 곁들여 감정 마케팅이란 이름으로 포장만 했을 뿐이다. 물론 소비자들의 다양한 감정들에 대해서 작정하고 이야기를 풀어내기에는 필자들의 준비와 능력이 턱없이 부족했던 이유도 있다.

이런 생각들에 우리 두 필자는 확실하게 공감했고 자연스럽게 이 책의 집필을 함께 시작하게 되었다. 돌이켜보면 필자들이 '소비자의 감정'이란 주제로 책을 기획하고 시작한 것도 벌써 3년 전의 일이다. 처음에는 학생들을 위해 감정 소비자 행동의 교과서를 써볼까 생각하기도 했었지만, 그것보다는 더 자유롭게 이야기를 풀어보고 싶다는 생각에 단행본으로 마음을 바꾸었다. 이미 시중에 소비 감정이나 감정 마케팅을 주제로 한 책들이 있었지만 소비자들의 다양한 감정들을 제대로 다루어보자는 필자들의 욕심도 단행본으로 방향을 바꾸는 데 한몫 거들었다. 물론 그동안 다양한 소비 감정들을 다루었던 좋은 연구들을 독자들에게 소개하는 것만으로도 좋은 시도가 될 것이라는 믿음이 있었기 때문에 그런 욕심을 부릴 수 있었다.

소비 감정을 주제로 한 좋은 연구들은 너무나 많다. 단지 대중과 기업에게 잘 알려지지 않았을 뿐이다. 이러한 좋은 연구 내용들을 토대로 감정 소비자들을 들여다보고, 소비자와 기업 모두에게 도움이 되는 이야기로 풀어보자는 것이 이 책의 분명한 집필 의도다. 따라서 이 책의 내용들은 필자들의 독창적인 생각은 결코 아니지만, 분명 우리들의 이해와 생각의 틀로 재창조되었다고 할 수 있다.

사실 처음 이 책의 원고가 완성되었을 때만 해도 지금보다는 훨씬 분량이 짧았다. 출간이 결정되고 출판사와 협의하는 과정에서 소비 감정을 더 쉽게 전달하기 위한 다양한 사례와 이야기가 추가되면서 책의 넓이와 깊이가 훨씬 더해지게 되었다. 독자들의 입장에서 생각해보면 당연한 일인데도 불구하고 놓쳤던 부분을 잘 채울 수 있도록 도와준 원앤원북스의 박종명 대표와 최윤정, 채지혜 팀장께 감사를 전한다.

저자 입장에서는 책을 쓰고 나면 언제나 아쉬움이 남게 마련이지만 이번만큼은 그런 아쉬움이 조금은 덜한 것 같다. 완벽해서라기보다는 알고 있는 것은 충분히 다 썼다는 생각이 크기 때문이다. 이 책을 쓰면서 감정 소비에 대해서 그동안 필자들이 알고 있던 것들을 머릿속에서 모두 비워내는 좋은 기회가 되었다. 독자들의 입장에서 읽기에 부족한 부분이 있다면 그만큼 앞으로 채워서 보완할 것이다.

이 책을 쓰면서 많은 사람들의 도움을 받았다. 우선 책 속에 언급된 많은 연구자들께 존경과 감사를 보낸다. 그분들의 훌륭한 연구에 누가 되지 않기를 바랄 뿐이다. 함께한 다른 필자에게도 감사의 마음을 꼭 전하고 싶다. 오랜 기간 작업을 함께하면서 서로의 관계를 더욱 굳게 다질 수 있는 좋은 시간이 되었다. 해를 넘겨가며 책을 쓰고 또 고치

느라 가족들에게는 많은 마음과 시간의 빚을 졌다. 누구보다 이 책을 기다려온 가족들의 마음은 책을 읽어보고 싶어서라기보다는 함께하는 시간을 빼앗긴 데서 오는 질투이지 않았을까 싶다. 다시 한 번 미안함과 사랑을 전한다.

2019년 2월

김해룡, 안광호

감정의 눈으로 만나는 소비자

감정 소비

살다 보면 가끔은 "왜 이렇게 이성적이세요?"라는 말을 들을 때가 있다. 물론 이성적이라는 것이 딱히 나쁠 것은 없지만, 그래도 그런 말을 들으면 자신에게 인간미가 없어 보이나 혹은 다른 사람들에게 솔직하지 못한가 싶은 생각에 아쉬움이 남기도 한다. 그런데 같은 말을 소비자들에게 묻는다면 어떨까?

"당신은 이성적인 소비자인가요?"

소비에서 이성적이라는 말은 오히려 합리적이라는 말처럼 들린다. 특히 요즘처럼 긴 불황에 팍팍해진 지갑을 바라볼 때면 언제나 합리적인 소비자로 남고 싶어진다. 평소 알뜰하게 쿠폰도 모으고, 온라인과 오프라인 매장을 넘나들며 가격 비교를 철저히 하고, 무엇보다 계획적으로 구매하며 불필요한 지출은 최대한 줄이는 현명한 소비자로 남아야지 다짐하면서 말이다. 매년 미국 추수감사절을 맞아 진행되는 블랙프라이데이의 파격적인 가격 할인에 소비자들이 몰려드는 것도 같은 이유일 것이다. 중국판 블랙프라이데이인 광군절(11월 11일)의 2018년 하루 매출이 사상 최고액인 34조 원을 넘어섰다고 한다. 현명하게 소비하려는 사람들이 곳곳에 많은 것 같다.

그런데 가격 할인 행사를 찾아 여기저기 둘러보다 보면, 그만 예쁜 디자인에 마음이 혹해 계획에도 없던 지갑이 스르르 열린다. 높은 할인율에 이때가 아니면 놓칠까 싶어 일단 장바구니에 담고 본다. 언제 어디에 사용할지는 나중에 생각해도 된다. 점심 식사 가격보다 더 비싼 디저트에도 한 치의 망설임이 없다. 한 번 사는 인생인데 미래보다 지금의 행복을 즐기자는 생각에 작은 사치의 유혹을 뿌리치지 못하는 것이다.

현명한 소비라고 생각했는데 결국엔 감정 소비였던 것이다!

결국 감정 마케팅이다

소비자들은 더 이상 조금 더 나은 기능이나 혜택에만 만족하지 않는다. 좋은 브랜드 이미지도 이제는 당연한 것이 되었다. 소비자는 기업과 브랜드에게 그 이상의 특별함을 기대한다. 자신들의 감각에 호소하며 라이프 스타일에 잘 맞는 강한 끌림이 있는 제품과 브랜드를 찾고 또 원한다. 제품의 성능도 중요하지만 디자인이 떨어지면 절대 구매하지 않는다.

스포츠 경기에서 사람들은 약자의 승리에 열광한다. '언더독under-dog; 스포츠에서 우승이나 이길 확률이 적은 팀이나 선수를 일컫는 말의 반란'과 같은 감동적인 이야기가 있기 때문이다. 이제 재미와 즐거움은 마케팅에서 빠질 수 없는 경쟁력이 되었다. 세계적인 미래학자 다니엘 핑크Daniel Pink의 말처럼 '우뇌형 마케팅'이 필요한 시대가 되었다.[1] 우뇌를 한마디로 말하면 감정이다.

미국 컬럼비아 대학의 번트 슈미트Bernd Schmitt 교수는 감각, 감정, 인지, 행동, 관계의 결합에 의해서 총체적인 소비 경험이 만들어진다는 체험 마케팅을 강조했다.[2] 이러한 체험 마케팅에서도 핵심은 바로 감정이다. 코카콜라를 따를 때의 청량한 소리는 코카콜라만의 즐거움을 오롯이 전달해준다. 감각은 감정을 자극하는 촉진제가 분명하다. 블록을 조립할 때 재미가 없다면 어렵고 머리만 아파 절대 도전해보고 싶은 생각이 들지 않을 것이다. 인지와 행동도 감정이 함께하지 않는다면 무용하다. 할리데이비슨의 커뮤니티인 'H.O.G.Harley Owners Group'의 구성원들이 보여주는 브랜드와의 강력한 관계도 감정 연결을 빼놓고는 설명이 불가능하다. 감정 마케팅의 시대를 살아가고 있는 우리들의 모습이다.

진짜 소비자를 만날 시간

감정 마케팅은 소비자들에게 브랜드나 어떤 대상에 대한 특별한 감정을 심어주는 활동이다. 그저 좋은 감정만이 아니라 '즐거워, 행복해, 자랑스러워, 사랑해' 같은 구체적이고 특별한 감정들로 브랜드만의 가치를 만들어가는 것이다. 문제가 발생했을 때의 부정적인 감정도 '그냥 싫다'가 아니라 '화나, 후회해, 슬퍼, 걱정돼' 같은 구체적인 감정들을 알고 극복하는 것이 중요하다.

결국 성공적인 감정 마케팅이란 소비자들이 생활에서 경험하는 구체적이고 다양한 감정들을 제대로 이해하고 어떻게 대응하는가에 달려 있다. 이제 기업은 감정의 눈으로 소비자들을 들여다봐야 한다. 물론 소비자들도 감정의 눈으로 자신을 들여다볼 필요가 있다. 기쁨이와 슬픔이가 등장했던 픽사의 애니메이션 〈인사이드 아웃Inside Out〉의 포스터에는 "Meet the little voices inside your head"라는 멋진 카피가 등장한다. 우리말로 번역한다면 어떤 표현이 좋을까? 영화가 감정에 대한 것이니 머리보다 마음이라는 단어가 좋을 것 같다고 생각하다가, 문득 한글로 된 카피가 궁금해졌다. "진짜 나를 만날 시간"이란다. 정말 공감이 가는 표현이다.

감정의 눈으로 진짜 소비자를 만날 시간이다.

목차

1장 감정 소비자

감정과 라이프: 행복한 소비자

왜 감정 소비자일까? 감정을 두드려야 지갑이 열리기 때문이다. 소비자들은 내 안에서 어떤 감정들이 울리고 있는지 잘 모른다. 기업은 또 어떤 감정을 두드려야 하는지 알고 싶어 한다. 행복하게 돈을 쓰고 싶고, 라이프 스타일을 찾고 싶고, 기술이 바꾸어놓는 스마트한 생활을 즐기고 싶은 우리들은 감정 소비자다. 당연히 이런 소비자들을 이해하는 것이 진짜 감정 마케팅이다.

감정 소비자

감정 소비자를 만나다

🎁 머리가 아닌 가슴을 두드려라

2018년 유통가에서는 소비자들에게 판매하는 럭키박스가 인기를 끌었다. 자신이 지불한 돈보다 더 큰 행운(상품)이 찾아올 것이라는 강한 믿음에 복불복이 주는 재미까지 더해진 것이다. 실제 지불한 돈보다 더 큰 값어치인지 아닌지를 떠나서, 어떤 상품인지도 모르고 럭키박스를 구매하는 소비자들이 많다는 사실이 그저 흥미로울 뿐이다.

이런 사실만 보아도 소비자들의 의사결정과 행동은 합리적이기보다는 직관적이며, 이성적 판단보다는 감정에 의존한다. 어느 행동경제학자의 말처럼 이치에 맞지 않는 나쁜 지출일 수도 있지만, 어쨌거나 기분 좋은 소비임에는 틀림이 없다.[1] 확실히 머리가 아닌 가슴을 두드려야 지갑이 열린다.

소비에서 감정이 결정적인 이유는 사람들이 주어진 정보에 대해서 생각보다 훨씬 더 관심을 기울이지 못하기 때문이다. 정보의 홍수 속에서 모든 것에 주의를 기울일 수는 없기 때문에 필요한 것만 골라서 보게 된다. 심리학자들은 이러한 선별현상을 선택적 주의selective attention라고 부른다.

한 취업 포털사이트에서 뽑은 2018년 유행어 순위에 필요 없는 과다한 정보를 전하는 사람이나 상황을 뜻하는 의미의 TMI Too Much Information가 5위로 선정되었다. 좋은 의미라기보다는 그만큼 불필요한 정보라는 뜻일 것이다. 맛집 찾기만 해도 이젠 구구절절한 블로거의 자랑보다는 인스타그램에 올라온 한 줄 해시태그(#갬성맛집)와 거기에 덧붙여진 사진 한 장이 더 효과적이다. 가슴을 두드릴수록 소비자들의 선택을 받기 쉬워지는 것이다.

소비를 하다 보면 내심 크건 작건 어떤 목표를 갖게 된다. 소비에 무슨 목표까지 가져야 하나 싶겠지만, 자녀들과 평소 많은 시간을 보내지 못한 아빠들을 한번 생각해보자. 새로 나온 레저용 자동차 광고를 보면서 한번쯤 가족과 함께 즐기는 멋진 주말여행(목표)을 떠올려봤을 것이다. 이때 차를 사서 여행하는 것을 상상하는 것만으로도 아빠로서의 자부심이나 가족과 함께한다는 행복한 마음이 생겨날 수 있다.

한 자동차 회사에서 '좋은 아빠 되기'라는 콘셉트로 아빠 소비자들의 마음을 잡으려 했던 광고가 있다. '좋은 아빠가 된다면 어떨까?'라고 예상되는 감정anticipated emotions이 자동차 구매 행동을 자극할 것이라는 믿음 때문이다. 감정은 구매 행동 이전에 사고 싶다는 욕망desire을 자극한다.[2] 자부심이 생길 것 같아서 차를 갖고 싶다는 욕망도 커진다. 아쉬움이나 후회를 피하기 위해서라도 욕망은 부추겨진다. 제품에 기대하는 좋은 감정이 욕망이 되는 순간, 바로 잇 아이템it item이 된다.

잉글랜드 프리미어리그에서 토트넘의 손흥민 선수가 첼시를 상대로 터트린 환상적인 골이 이달의 골로 선정된 적이 있었다. 영상을 보니 멋진 골도 좋았지만 골을 넣고 난 뒤 관중들을 향해 자신의 가슴에 새겨진 팀 엠블럼을 가리키던 그의 모습이 더 마음에 와닿았다. 축구경기에서 골을 넣은 선수를 통해 종종 보게 되는 장면인데, 그때마다 팀에 대한 선수의 애정이 관중들을 더욱 흥분시키고 열광에 빠지게 만드는 비결처럼 보인다. 감정이 충성 고객을 더욱 강하게 만드는 멋진 순간이 아닐 수 없다.

스타벅스는 자신들의 커피가 최고의 맛과 향기를 갖고 있다고 강하게 설득하지 않는다. 그저 커피를 마시며 느낄 수 있는 편안함과 행복한 감정을 내세워 차별화하며 많은 충성 고객들을 만들어왔다. 이렇듯 충성도의 본질은 감정이라고 할 수 있다.

🎁 자아 전성시대

"애정의 욕구, 자존감의 욕구는 소셜네트워크서비스(SNS)를 통해 서서히 해결되고 있어요. 남은 것은 자아실현 욕구입니다. 이 욕구가 곧 새로운 가치와 소득으로 이어지는 '자아실현 경제'가 미래에 펼쳐질 것입니다."

미래 전망을 담당하는 유엔UN 밀레니엄 프로젝트의 제롬 글렌 Jerome Glenn 회장의 말이다.[3] 심리학자 에이브러햄 매슬로우Abraham Maslow의 욕구이론에서 보면 제롬 회장의 의견은 충분히 공감이 간다. 애정과 소속의 욕구, 존경의 욕구, 그다음이 자아실현의 욕구이기 때문이다. 모두 자아와 관련이 깊다는 점에서 자아 전성시대라고 말할 수 있다.

자아 개념self-concept은 나는 누구이며 무엇을 추구하는지에 대한 개념으로, 쉽게 말하면 나를 보는 눈이다. 우리는 보통 자신과 타인의 시선, 2개의 눈으로 자신을 바라보게 된다. 경우에 따라서는 현재(실제)와 미래(이상)의 모습으로 자신을 바라보기도 한다. 관점이야 무엇이든 자아를 충족시킨다는 것은 부족한 부분을 채우거나 아니면 지키고 싶은 자아를 유지해가는 것이다.

지난겨울 유난히 롱 패딩의 인기가 거셌다. 날씨도 날씨지만, 한번 유행하기 시작한 패션의 영향도 컸다. 얼마 전, 초등학교에 다니는 두 아이들도 드디어 롱 패딩 열풍에 동참했다. 재미있는 것은 검은색 패딩을 고집하면서도 브랜드만은 서로 다른 것을 찾고 있는 아이들의 모습이었다. 매슬로우의 설명대로라면 검은색 롱 패딩을 통해 반 아이들과 같은 소속감을 가지면서도, 다른 브랜드를 찾음으로써 나는 다르다는 자존감은 놓지 않겠다는 생각인 것 같다. 그래야 기분이 좋고 행복한가 보다. 우리 아이들도 알고 보니 자아 전성시대를 살고 있었다. 비슷비슷한 모양이지만 등 뒤에 커다란 브랜드 로고를 심어놓고 있는 롱 패딩 디자인은 다 이유가 있는 것이다.

소비자들은 소비를 통해 자아를 찾고 유지하고 부족한 부분을 채워간다. 그렇기에 자아실현 경제라는 표현이 가능해지는 것이다. 소비자들은 왜 자아를 충족시키려고 할까? 왜 사는가와 같은 철학적인 질문처럼 보이지만, 단순하게 생각하면 해답은 마음이 편하기 위해서가 아닐까 싶다. 자아가 충족되는 소비를 통해 소비자들은 긍정 감정을 느끼기 때문이다. 물론 그 소비 대상을 좋아하게 되는 것은 덤이다.

🎁 감정으로 연결하라

많은 기업들이 높은 브랜드 인지도와 브랜드에 대한 감정을 비슷한 것으로 혼동하고 있다. 단적으로 브랜드가 널리 알려져 있다거나 품질이 우수하다고 해서 소비자들이 그 브랜드를 사랑하는 것은 아니다. 삼성 갤럭시와 애플 아이폰을 비교했을 때 소비자들의 마음을 두드리는 정도는 애플이 훨씬 커 보인다. 애플이 소비자들과 감정적으로 더 연결되어 있기 때문이다.

기업이 왜 소비자들과 감정으로 연결되어야 하는지를 분명하게 보여주는 재미있는 연구가 있다.[4] 다음 경쟁 브랜드들의 조합을 잠시 살펴보고 차이가 무엇인지 한번 생각해보자.

연구 결과에 의하면 자동차 브랜드 BMW와 토요타는 좋은 브랜드라는 평가는 비슷했지만, 감정연결점수ECS; Emotional Connection Score에서는 BMW가 토요타에 비해 압도적으로 높았다. 반면 미국의 대형마트 타깃과 월마트의 관계에서는 타깃이 월마트에 비해 좋은 브랜드였지만 감정연결점수는 별 차이가 없었다. 단순히 품질이 좋다거나 만족한다거나 또는 경쟁사와 차별화된 브랜드라고 해서 모두 소비자들의 심금을 울릴 수 있는 것은 아님이 입증된 것이다.

또한 이 연구는 9개 산업을 분석한 결과를 통해 브랜드에 만족하는 소비자들보다 감정적으로 강하게 연결된 소비자들이 평균 52% 더 가치가 있다는 점을 제시했다. 그만큼 감정 연결이 기업에게 결정적이라는 것이다. 그렇다면 기업이 소비자들과 감정적으로 연결되기 위해서는 어떻게 해야 할까?

소속감을 느끼게 하라

주변 사람들이나 닮고 싶은 사람들과 하나가 된다는 느낌이 중요하다. 레드데블스(맨체스터 유나이티드), 레즈(리버풀), 거너스(아스널), 스퍼스(토트넘), 시티즌스(맨시티)처럼 애칭으로 불리는 프리미어리그 축구팀들은 팬들과 떼려야 뗄 수 없는 사이다.

짜릿함을 느끼게 하라

적당히보다 압도하는 즐거움과 흥분, 재미를 주어야 한다. 보령머드
축제가 외국인이 가장 많이 찾는 대표축제가 된 이유는 짜릿함을 주기
때문이다. 미국 시애틀의 명소인 파이크 플레이스 마켓pike place market
이 성공한 것도 열정적인 상인들이 시장을 찾는 소비자들에게 즐거움
과 흥분된 체험을 선사했기 때문이다. 그곳에선 상인들이 던지는 물고
기가 날아다닌다.[5]

행복한 인생을 살고 있다고 느끼게 하라

기대한 것만큼 잘 살고 있는지, 균형감 있게 살아가고 있는지, 스트
레스 없는 삶을 사는 데 브랜드가 도움이 되는지가 중요하다. 이것이
작지만 확실한 행복을 줄 수 있는 소비가 뜨고, 라이프 스타일 브랜드
들이 각광받는 이유다.

기분과 감정은 다르다

💝 오늘 기분 어떤가요?

"오늘 기분 어떤가요?" 누군가의 감정상태가 궁금할 때 이런 질문을 한다. 그러나 연구자들은 엄격한 의미에서 기분mood과 감정emotion은 다르다고 구분한다. 구체적인 사건이나 대상에 대한 느낌이 감정이라면 기분은 딱히 그렇지가 않다는 것이다. 기분은 구체적인 사건이나 그로 인한 감정의 잔존효과와도 같다. 쉽게 말하자면 감정은 이유가 있지만 기분은 이유가 없을 수도 있다.

그래서인지 기분은 감정보다 세기가 약하지만 오히려 일정 시간 동안 지속되기도 한다. 가슴 졸였던 취업합격 문자, 새로 산 자동차, 훌쩍 오른 아이의 성적표 등 이유나 대상은 다르겠지만 그때 느꼈던 각자의 감정이 행복이라면, 시간이 지나서도 한동안 생활의 활력소가 되었던 좋은 느낌은 기분이다. 잔뜩 기대하고 떠났던 여행지에서 부부 싸움을 했다면 시간이 지나 서로에 대한 화(감정)는 풀렸더라도 찜찜함(기분)은 여행 기간 내내 남아 어색할 수도 있는 것이다. 좋은 기분은 통장 잔고처럼 가능한 오랫동안 갖고 있다면 좋겠지만, 반대로 나쁜 기분이라면 한시라도 빨리 털어버리는 것이 상책이다.

기분은 감정보다 우리 곁에 자연스럽게 와 있다. 시간, 날씨, 계절과 같은 자연환경에 쉽게 영향을 받기 때문이다. 겨울의 흐릿한 날씨에 왠지 울적하다가도 눈이라도 내리면 어느새 기분이 들뜬다. 가을이 되면 자신도 모르게 가을을 탄다며 울적해지기도 한다. 비 오는 날 좋은 음악을 통해 기분을 달래주는 라디오 DJ처럼, 시간이나 날씨, 계절을 고려해 소비자들의 기분 전환에 적극 나서는 기업이 될 수 있어야 한다. 비 오는 날 매출이 떨어지는 것을 극복하기 위한 유통업체들의 '기분 전환 상품전' 같은 역발상적인 노력처럼 말이다.

기분은 특히 주변의 물리적인 환경에도 쉽게 휩쓸린다. 잘 꾸며진 카페에 들어서면 그곳의 좋은 분위기가 자연스럽게 나의 기분이 되는 것과 같은 이치다. 좋은 음악과 향기처럼 오감을 자극하는 활동들은 모두 소비자들의 기분을 쉽게 좌우할 수 있다. 눈에 띄는 건물의 디자인이나 고객들의 움직임까지 고려한 매장 설계와 같은 세심함이 필요한 이유다.

기분은 주변 사람들에게도 쉽게 영향을 받는다. 기분 좋은 사람 옆에 있다 보면 어느새 나의 기분도 좋아지지만, 반대로 한 사람의 나쁜 기분이 전체 분위기를 망칠 때도 많다. 사람들 사이에서 기분은 같은 방향으로 쉽게 전염되기 때문이다.[6] 음식점이나 쇼핑공간에서 화를 내거나 불만을 표현하는 고객들을 종종 볼 수 있는데, 현장에서 화가 난 고객과의 문제를 빨리 해결하지 않고 방치하는 것은 그 고객만의 문제로 끝나지 않는다. 다른 많은 고객들의 기분까지 함께 망쳐버릴 수 있다.

🎁 기분 효과와 키다리 아저씨

살다 보면 누구나 한번쯤 다음과 같은 기분 효과를 경험해봤을 것이다.

- 화창한 어느 봄날, 아침 식사를 차려주는 아내가 평소보다 더 예뻐 보였다.
- 길을 걷다 멋진 분위기에 이끌려 들어간 카페에서 마신 커피가 유난히 감미로웠다.

기분이 소비 생활에서 중요한 이유는 이처럼 어떤 대상의 평가에 큰 영향을 미치기 때문이다.[7] 사람들은 기분이 좋을 때 주변 사람이나 구매한 제품을 훨씬 더 긍정적으로 평가한다고 한다. 대체로 사람들은 자신의 기분과 일치하는 정보를 더 쉽게 떠올리거나 기억하려는 경향이 있어서, 좋은 기분일 때 대상의 좋은 점이 더 눈에 띄게 마련이다. 화창한 날씨 덕분에 아내가 더 예뻐 보이고, 멋진 카페의 분위기 덕분에 커피 맛이 평소보다 더 좋게 느껴지는 것은 바로 기분 때문이다.

　사람들은 자신의 기분이 오히려 평가하는 대상 때문이라고 착각하기도 한다.[8] 날씨가 흐린 날보다 좋은 날 들어간 식당의 음식이 평소보다 더 맛있게 느껴지는 것도 착각 때문이다. 날씨가 좋은 날 식당에서 식사를 한 사람들은 날씨 덕분에 좋아진 기분이 마치 음식 때문이라고 생각하기 쉽다는 말이다. 정반대로 비가 오는 날 우울해진 기분은 오히려 식당의 음식을 탓하는 이유가 되기도 한다.

　조지아 공대와 포털 사이트 야후 연구진에 의하면 식당에 대한 온라인 평가를 조작하는 주범은 해커가 아니라 바로 날씨라고 한다.[9] 트립어드바이저TripAdvisor와 같은 온라인 식당 평가 사이트들에 올라온 이용자들의 의견을 분석한 결과, 연구진들은 날씨가 좋은 날 식당들은 대체로 좋은 평가를 받았지만, 비가 오는 날에는 평가가 훨씬 나빠졌다는 흥미로운 사실을 발견했다. 날씨가 음식의 맛을 바꿀 수 있는 재료는 아니지만, 기분 효과 덕분에 그 무엇과도 바꿀 수 없는 최고의 재료가 된 셈이다.

　쇼핑에 나선 소비자들을 상상해보자. 작은 노력으로도 기업은 소비자들을 기분 좋게 만들 수 있다. 비 오는 날 들려주는 경쾌한 음악, 입구에 들어설 때의 좋은 향기, 지하 주차장에서 내릴 때의 밝은 분위기와 같은 작은 배려에 소비자들은 자연스럽게 기분이 좋아진다. 물론 좋아진 기분 덕분에 평소보다 제품과 서비스를 더 좋게 평가할 것이다.

그런데 이런 기분 효과에서 한 가지 주의할 점이 있다. 바로 자연스러워야 한다는 것이다. 혹시라도 좋은 기분이 음악, 향기, 분위기 때문이었다는 사실을 소비자가 알아차리는 순간, 제품과 서비스를 좋게 평가했던 마법 같은 기분의 약효는 바로 사라질 수 있기 때문이다. 날씨가 삶의 만족도에 미치는 영향을 연구한 결과를 보면, 흐린 날보다는 화창한 날 사람들은 자신의 인생이 더 즐겁고 만족스럽다고 생각했다. 그런데 좋은 기분이 날씨 덕분임을 알아차린 사람들은 맑은 날이나 흐린 날이나 삶의 만족도에 차이가 없었다.[10]

어린 시절 읽었던 소설에 등장하는 키다리 아저씨는 언제나 말괄량이 소녀의 뒤를 지켜주던 든든한 후견인이었다. 음악, 향기, 분위기 때문에 자신들의 기분이 좋아졌다는 생각이 미처 들지 않도록, 뒤에서 언제나 묵묵하게 소비자들의 기분을 좋게 만드는 기업이 되어야 한다. 마치 키다리 아저씨처럼 말이다.

🎁 기분이 만드는 시장

조금 더 적극적으로 생각해보면 기분은 시장을 만들기까지 한다. 우선 기분 전환 시장이 커지고 있다. 사람들은 새해가 되면 운동을 시작하고 봄이 되면 집 안 정리에 나선다. 모두 어제와 다른 내일을 만들기 위한 노력이지만 결국에는 지금의 기분을 바꾸려는 행동들이다.

카드회사의 빅데이터 분석을 살펴보면 봄철에 주목해야 할 소비가 모두 기분 전환과 관련이 있어 보인다.[11] 봄철에는 신학기 준비와 관련된 지출이 늘고, 헬스나 뷰티 업종 지출도 3월에 가장 많다고 한다. 커튼, 조명, 가구와 같은 홈퍼니싱home furnishing 소비도 봄철에 본격적으로 시작된다. 재충전이나 기분 전환을 위한 문화예술 공연 지출도 연중 3월이 최고라고 한다.

현명하게도 소비자들은 지금의 기분을 바꿔보는 것이 자신들의 생각이나 삶의 방식에 큰 영향을 미친다는 사실을 경험적으로 알고 있는 듯하다. 사람들은 기분이 좋을 때 훨씬 더 유연한 사고를 하며 창의적이 될 수 있다.[12] 일이 막힐 때 가까운 커피숍에라도 가서 기분 전환을 해보자. 의외로 막힌 것이 풀릴 수도 있다.

언제부터인가 우리 주변에는 부정적인 소식들이 넘쳐난다. 개인의 기분을 넘어서 사회 전체의 기분이 늘 우울해진 것 같아 안타깝다. 이러한 사회 분위기는 복고시장을 활성화시키는 요인이 된다. 과거에 사용되었던 제품이나 디자인이 레트로retro라는 이름으로 등장하고, 영화나 음악, 방송에서도 과거의 소재나 가수들이 돌아와 인기를 끈다. 과거의 즐거웠던 추억을 회상하게 함으로써 소비자들의 기분을 긍정적으로 전환시키려는 노력으로 볼 수 있다.

그러나 이러한 노력은 일시적일 뿐이다. 기분이 안 좋을 때는 새로운 것보다는 익숙한 것만을 찾는 경향이 있는데, 당장은 편하더라도 혁신에 방해가 된다. 우리 사회의 새로운 생각과 도전을 위해서라도 지난 것보다는 새로운 것을 통해 모두의 기분 전환이 절실한 때다. 이럴 때일수록 기업들도 신사업과 신제품 출시에 더욱 박차를 가해야만 한다.

긍정 감정과 부정 감정

💝 소비 감정 파노라마

감정 표현이 서툰 사람들은 "좋아"라는 한마디에 기뻐, 즐거워, 행복해, 때로는 사랑해와 같은 다양한 감정들을 담아낸다. 그런 의미에서 페이스북의 '좋아요' 버튼은 단순하지만 현명한 장치임에 틀림없어 보인다. 사람들은 각자의 목표나 동기와 얼마나 일치했는가의 여부를 통해 긍정 또는 부정의 감정가를 판단할 수 있다. 그러나 우리가 경험하는 감정들은 버튼 하나로 해결할 수 없으며, 만감萬感이 교차한다는 표현처럼 실제로는 매우 다양하고 복잡하다.

감정 연구자들 중에는 감정의 이유를 어떻게 평가하는가에 따라 세세한 유형의 감정들이 결정된다고 믿는 사람들이 있다.[13] 이들의 설명에 의하면 화가 난 것과 후회한다는 것은 부정이라는 감정가에서는 같지만 실제로는 전혀 다른 감정이다. 화는 내가 아닌 상대방에게 원인이 있다고 생각할 때의 감정이지만, 후회는 원인이 나에게 있을 때의 감정이기 때문이다.[14] 물론 감정반응이 아주 빠르게 일어나기 때문에, 실제 우리는 이러한 이유 찾기를 제대로 의식하지 못할 때가 더 많다.

연구자들은 사람들이 몇 가지 대표적인 기본 감정을 가지고 있다고 말한다. 이런 기본 감정에 대한 연구 결과에서 알려진 흥미로운 사실들을 살펴보자. 우선 다양한 문화권에서 공통적으로 등장하는 기본 감정들의 빈도 순위를 꼽아보니 첫 번째가 두려움이었다.[15] 요즘처럼 모든 것이 불확실한 시대를 살면서 크건 작건 많은 일들에 불안해하는 우리들로서는 상당히 공감이 가는 연구 결과가 아닐 수 없다. 동시에 '그동안 나만 두려운 것이 아니었구나!'라는 묘한 동질감에 위안을 받기도 한다. 두려움 다음으로 많이 등장했던 기본 감정들은 화, 혐오, 슬픔, 기쁨, 놀라움, 분노, 행복, 흥미, 사랑 순이었는데, 대체로 부정 감정이 긍정 감정에 비해서 더 많았다. 무엇보다 출현 빈도가 높은 순위에서는 부정 감정이 압도적이었다.

그렇다면 일상이 아닌 소비에서 경험하는 감정들은 어떨까? 만족 혹은 불만족이 감정의 전부라고 생각한다면 착각이다. 소비는 긍정과 부정 사이에서 흥분, 기쁨, 낙관, 만족, 평화로움, 사랑, 낭만, 놀람, 외로움, 질투, 수치심, 두려움, 슬픔, 걱정, 불만, 분노 등 파노라마 같은 다양한 감정들을 경험하게 해준다.[16] 때로는 후회하게 만들기도 하고,[17] 옛것에 대한 향수나 죄책감을 느끼게 하기도 한다.[18]

이러한 소비 감정의 면면을 들여다보니 다행스럽게도 일상에서 경험하는 감정들과는 다르게 부정 감정들이 우세해 보이지 않는다. 앞선 연구에 따르면 즐거움, 자부심, 그리고 만족의 긍정 감정이 가장 고르게 나타났으며, 제품에 따라서는 흥분의 감정이 가장 높은 경우도 있었다. 소비는 즐겁고 흥분되는 일임에 틀림없다. 무엇보다 내 돈을 소비하며 나쁜 감정을 기대하는 소비자들은 없다.

🎁 사랑과 전쟁 사이

사랑의 반대말은 무엇일까? 인터넷에서는 사랑의 반대말로 무관심을 꼽는 경우가 의외로 많았다. 무관심했던 사람을 사랑하게 되는 일이 얼마나 있을까 생각해보니 맞는 것도 같다.

일본 소설『지금, 만나러 갑니다』의 주인공인 다쿠미와 미오는 고등학교 졸업 후 첫 만남에서, 바로 서로가 사랑한다는 사실을 깨닫는다. 이들은 고등학교 3년간 서로 말만 나누지 않았을 뿐, 같은 교실에서 반경 1미터 안의 관심 영역에 들어 있었다.

이렇게 보면 기업의 입장에서 소비자들에게 사랑받기 위한 출발점은 분명 무관심을 헤치고 관심을 얻는 것이다.『관심의 경제학』[19]에서 말하는 것처럼 시장에 넘쳐나는 브랜드 사이에서 조금이라도 소비자들의 관심을 받는다는 것은 힘들지만 중요한 일임에 틀림없다.

그런데 사랑의 반대편에는 과연 무관심만 있을까? 문득 출발점만 바라보지 말아야 할 것 같다는 생각이 든다. 드라마 〈부부클리닉 사랑과 전쟁〉은 사랑의 반대가 무관심이 아니라 오히려 미움이나 증오임을 확실히 보여주었다.

소비자판 '사랑과 전쟁love-hate effect'[20]도 분명히 존재한다. 한 연구에 따르면 기업에 불평을 제기한 소비자들의 마음은 2가지로 나뉘었다. '이제 그만 헤어져야지'와 '내가 당한 만큼 똑같이 복수해야지'였다. 불평을 제기한 소비자들을 떠나보내는 것만 해도 큰 손실인데, 복수의 마음까지 갖는 소비자들이 있다는 사실을 기업들은 눈여겨봐야할 것이다.

다행히 시간이 지나면서 소비자들이 갖는 복수의 감정은 점차 줄어들었지만 문제는 충성 고객들이었다. 기존에 기업과 좋은 관계를 맺었던 고객들일수록 복수의 마음이 별로 줄어들지 않았다. 오히려 헤어지겠다는 마음만 더 강해졌다. "네가 나한데 어떻게 이럴 수 있어?"라며 그동안 사랑했던 기업에게 칼끝을 겨누는 그들의 마음은 아마 배신감이었을 것이다. 모든 관계에서 사랑은 시작도 중요하지만 잘 지켜내는 것 또한 중요하다.

💟 나쁜 감정은 없다

그냥 사랑보다 '뜨거운 사랑'이란 표현이 더 격렬해 보이고, 화가 난다는 표현보다 '분노한다'라는 표현이 더 큰 행동을 촉발할 것만 같다. 일상에서 감정이 북받쳐 오를 때 흔히 '흥분한다'고 표현하는데, 흥분은 생리학적으로 심장이 뛰거나 손에 땀이 나는 것과 같은 교감신경계의 변화를 가져오는 각성arousal을 말한다. 이러한 각성이 감정의 강도를 결정하며 감정 경험을 좌우한다. 만약 공포영화를 보고 나서 시시해한다면, 공포가 일정 수준에 도달하지 못했다는 의미로 더 이상 공포가 아니다. 공포가 소비된다는 입장에서 보면 나쁜 감정은 아니다.

우리는 살면서 슬픔이나 화 혹은 두려움에 직면하기도 한다. 하지만 눈물을 쏙 뺄 정도로 슬퍼한 후에야 마침내 자리를 훌훌 털고 일어날 수 있다는 사실을 알고 있다. 제대로 화를 내야 용서를 하거나 혹은 어떤 변화를 가져오는 계기를 마련할 수 있다. 적당히 두려우면 외면하기 때문에 맞설 수 없다. 워터파크에 가보면 쉽게 볼 수 있는 풍경이 있다. 가슴이 뛰고 손에 땀이 나는 두려움을 느끼면서도 사람들은 너 나 할 것 없이 위험천만해 보이는 슬라이드에 몸을 내던진다. 그러고는 당당하게 "한 번 더!"를 외친다. 적당한 감정보다 제대로 된 감정을 경험하는 것이 중요한 이유다.

질투와 후회, 그리고 죄책감도 마찬가지다. 연인 간의 적당한 질투는 오히려 관계의 긴장감을 불어넣는 활력소가 된다. 누군가를 선망의 눈으로 바라본다면 질투는 그 사람을 따라잡는 원동력이 된다. 후회가 없다면 또다시 그런 상황을 마주쳤을 때 늘 제자리일 것이다. 『레미제라블Les Miserables』의 주인공 장 발장은 죄책감을 통해 성장했다. 줄리 앤 반힐Julie Ann Barnhill이 쓴 『엄마 되기Motherhood』의 부제는 '죄책감: 아이들에게 아낌없이 줄 수 있는 동력The Guilt That Keeps On Giving'이었다.

나쁜 감정은 없다. 이를 어떻게 극복하고 대처하느냐가 중요하다.

감정과 소비자 라이프

🎁 행복한 돈 쓰기

  사람들이 행복해지는 이유는 돈 외에도 다양할 것이다. 가난하지만 행복한 나라로 알려진 부탄 사람들의 행복도 물질적인 것보다는 정신적인 이유가 더 크다고 한다. 게다가 TV나 인터넷에 신경 쓰지 않고 살다 보니 남들과 비교하지 않고 자신만의 인생을 살 수 있다.[21] 부탄뿐만 아니라 우리나라에서도 아이들은 가족 덕분에 행복할 수 있고,[22] 어른들 역시 돈보다는 주변 사람들의 응원이나 직업적인 성취감에 더 행복해질 수 있다.[23]

"사랑? 웃기지 마. 이제 돈으로 사겠어. 얼마면 돼?"

　드라마 〈가을동화〉에서 주인공 원빈이 송혜교에게 했던 대사로, 당시 엄청난 화제를 불러 모았던 명장면이다. 드라마 내용처럼 돈으로 사랑을 사는 것은 결코 쉽지 않아 보인다. 돈으로 살 수 있는 행복은 과연 어떨까? 그동안 돈과 행복에 관한 연구에서 밝혀진 한 가지 사실은 사랑을 하는 것만큼이나 돈으로 행복을 사는 것이 쉽지 않다는 것이다.

　돈으로 행복을 살 수는 있지만 사람들이 생각하는 것보다는 훨씬 적다는 점이 문제다.[24] 그렇기 때문에 우리는 이에 대해 진지하게 생각해봐야 한다. 사람들에게 돈을 쓰는 것은 소비하는 것이다. 소비를 통해 행복의 전부를 살 수는 없겠지만 이왕이면 행복에 한 걸음 더 가깝게 다가갈 수 있는 소비의 비결을 고민해보자. 행복한 돈 쓰기의 비결은 무엇일까?

　우선 균형감이 중요하다. 살면서 모든 일에 균형감을 갖는 것이 중요하지만 그것만큼 어려운 일도 없다. 요즘 사회적으로 화제인 워라밸 work and life balance만 해도 그렇다. 일과 생활의 균형을 갖추는 것이 결코 쉽지 않은 세상살이다.

　지난달에 지출한 카드 내역서를 한번 들여다보자. 자신의 소비가 먹는 것, 입는 것에 쏠리다 보니 정작 꼭 갖고 싶은 물건, 하고 싶은 일은 주저하지 않았는지, 무리해서 집을 장만한 탓에 기본적인 것들은 포기하고 있지 않은지, 아이들과 남편 또는 아내를 위한 것에 치우쳐 정작 자신을 위한 무언가가 하나라도 있는지 살펴보는 것이다. 건강한 우리의 인생을 위해서 일과 생활의 균형을 찾아야 한다면, 그 안에서 우리는 무엇을 소비하는지, 누구를 위한 소비인지, 그리고 또 무엇을 위한 소비인지 한번쯤 따져보고 균형감을 찾아야 하지 않을까?

🎁 라이프 스타일은 소비자의 열망이다

점심 식사를 마친 사람들의 손에는 멋진 광고 문구처럼 '커피 한 잔의 여유'가 들려 있다. 이전과 달라진 게 있다면 광고에 등장했던 믹스 커피보다는 커피전문점에서 막 뽑은 따뜻한 여유가 훨씬 더 많아졌다는 점이다. 어쩐지 그게 요즘 방식 같아 보인다. 바로 라이프 스타일lifestyle이다.

라이프 스타일은 말 그대로 생활방식이다. 주로 어떤 활동을 하는지, 무엇에 관심이 있는지, 또 주변 사람이나 일들에 대해서 어떤 의견을 가지고 살아가는지[25] 기준으로 한 사람의 라이프 스타일을 판단하곤 한다. 물론 무엇을 입는지, 어떤 음식을 먹는지, 그리고 어디에 사는지를 통해 보다 손쉽게 가늠해볼 수도 있다.

과거에도 있었던 이런 라이프 스타일이 요즘 들어 더 각광받고 있는 이유는 무엇일까? 라이프 스타일은 감정 소비와 밀접한 연관이 있기 때문이다. 즉 라이프 스타일은 소비스타일이기도 하다.[26] 사람들은 부족한 소비를 통해서나마 지금보다 더 나은 생활을 살고 싶어 한다. 원하는 라이프 스타일을 추구한다는 것은 결국 지금보다 더 나은 생활을 열망한다는 것이다.

자신과 가족의 건강에 문제가 있다거나 혹은 신경을 쓰는 사람들이라면 자연스럽게 친환경에 가치를 두는 로하스LOHAS; Lifestyle Of Health And Sustainability 라이프 스타일을 추구할 것이다. 로하스란 '건강하고 지속 가능한 세상을 추구하는 생활방식'을 의미한다. 친환경 소재나 성분이 들어간 제품을 찾고, 일상에서도 친환경과 관련된 활동들에 신경을 쓰면서 결국에는 가족과 건강에 대한 삶의 질을 추구한다. 물론 만족하는 인생을 위해서다.[27]

그런데 문제는 원하는 라이프 스타일을 따르기에는 우리가 쓸 수 있는 자원이 풍족하지 않다는 점이다. 제대로 된 '휘게Hygge; 가족, 친구들과 단란하게 모여 있는, 편안하고 기분 좋은 상태 라이프 스타일'로 살자니 시간과 돈이 부족하다. 로하스적인 건강한 삶을 따르자니 정보와 열정이 부족하다. 심플 라이프가 좋은데 언제나 물건은 넘치고 공간은 부족하다.

결국 이런저런 라이프 스타일을 유행처럼 따라가다 보면 시간, 정보, 돈, 열정, 그리고 공간[28]은 언제나 부족할 뿐이다. 그러기에 무엇보다 지금 자신이 살아가고 싶은 라이프 스타일을 찾는 것이 중요하다. 그런 다음 열망하는 삶을 살기 위해 필요한 영역에 자원들을 잘 집중해야만 한다. 라이프 스타일을 소비하는 것은 삶의 질을 높이고 만족하는 인생을 살아가는 지혜이기 때문이다.

지혜로운 라이프 스타일 소비자들에게는 조력자가 필요하다. 바로 라이프 스타일 브랜드와 비즈니스가 뜨는 이유다. 이케아IKEA가 대표적인 예다. 이케아는 단순히 가구를 판매하는 것이 아니라 소비자들에게 단순하고 세련된 취향과 실속을 추구하는 스칸디나비아 라이프 스타일을 판매하면서 인기를 끌고 있다.

🎁 기술이 라이프를 변화시킨다

손안의 스마트폰 세상만으로도 충분히 신기했는데 하루가 다르게 새로운 기술이 등장하고 있다. 더욱이 이런 기술의 변화들은 일상의 소비 생활과 밀접한 연관을 갖고 있다. 얼마 전까지만 해도 약속된 시간만 지키면 될 것 같았던 배송 서비스는 기술이나 고객 경험과는 거리가 멀어 보였다. 그런데 사실 물건을 배달받는 순간이야말로 고객들에게는 소비 경험의 총체적인 결말이 아닌가. 그래서인지 최근 유통업계의 화두는 '라스트 마일 last mile'이다. 라스트 마일은 원래 사형수가 독방에서 사형 집행 장소까지 걸어가는 거리를 의미하지만, 물류업계에서는 소비자와 만나는 배송의 마지막 단계를 뜻하는 용어로 사용되고 있다. 유통업체와 물류업체들은 라스트 마일 단계에서 소비자의 마음을 사로잡기 위해 치열한 경쟁을 벌이고 있다.

이러한 경쟁에서도 아마존은 역시 남달랐다 막대한 투자와 실험정신을 통해 기술을 활용한 빠른 속도(로봇과 드론 배송), 즐거움(아마존 트레저 트럭)으로 소비자들의 배송 경험치를 변화시키고 있다.

소매점포의 환경도 급격히 변하고 있다. '아마존 고Amazon Go'와 같은 실험이 현실화되면서 무인점포시대를 앞당기고 있으며, 사람 대신 로봇 서비스가 등장하고 있다. 과학기술 분야에나 쓰일 것 같았던 인공지능AI 기술은 쇼핑이나 음악 듣기와 같은 일상생활을 손쉽게 파고들었다. 산업의 지형도도 바뀌고 있다. 카드회사는 다른 카드회사가 아닌 모바일 결제 시스템을 상대해야 하고, 테마파크의 놀이기구 대신 가상체험관이 등장해 소비자들을 끌어들인다. 이와 같은 많은 변화들은 하이테크high-tech 기술이 없었으면 불가능한 일이었겠지만, 기술이 고객 경험과 생활을 변화시킨다는 점에서 기술보다는 소비자가 먼저였던 것 같다. 그리고 그 바탕에는 감정이 있다.

기술과 감정은 차가움과 뜨거움처럼 느낌이 다르다. 그러나 기술은 감정과 함께할 때 비로소 더 좋은 모습을 보여준다. 저승세계의 모습과 이야기를 실감나게 보여주며 관객 동원에 성공했던 영화 〈신과 함께〉의 김용화 감독은 "감정과 스토리를 실제화하는 것이 바로 디지털 기술이다"[29] 라는 말로 기술과 감정의 공존을 강조했다. 어떤 분야에서든 기술은 감정과 만나야만 한다. 그래야만 소비자들이 쉽게 다가갈 수 있기 때문이다. 기술과 고객 경험의 변화는 새로운 비즈니스의 기회를 끊임없이 만들어내고 있다. 비즈니스의 진정한 기회는 소비자의 생활 속에 있기 때문이다.

진짜 감정 마케팅이다

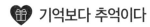 기억보다 추억이다

We are the champions my friends~

2018년 말 극장가에서는 그룹 퀸Queen의 삶을 다룬 영화 〈보헤미안 랩소디Bohemian Rhapsody〉의 열풍이 거셌다. 평소 퀸의 팬이었는지는 중요하지 않다. 열혈 팬에서부터 그저 노래만 알고 있었던 많은 중년세대까지 모두 극장을 찾아 한마음으로 영화 속 장면에 열광했다. 중년층까지 영화관으로 끌어들일 수 있었던 이유는 바로 추억 때문이다.

영화를 보며, 퀸의 음악을 들으며 떠올리는 그 시절만큼은 모두가 청춘이었고 또 챔피언 같았다.

지난 경험을 들춰낼 때 "재미있었던 에피소드가 뭔가요?"라고 묻는 것처럼, 경험에 대한 기억을 '에피소드 기억episodic memory'이라고 부른다. 물론 이러한 경험에 대한 기억은 그때의 행복했던, 기뻤던, 혹은 슬펐던 다양한 감정들에 의해서 더욱 선명해진다. 아마도 극장을 찾았던 많은 사람들은 영화와 함께 과거의 장면들이 어제 일처럼 눈앞에 선명했을 것이다.

연구자들은 이러한 생생한 경험에 대한 기억을 '감정 기억emotional memory'[30]이라고 부른다. 한마디로 추억인 셈이다. 국어사전에 등장하는 '기억'과 '추억'의 뜻은 별로 차이가 없어 보인다. 영어사전의 표현 역시 찾아보면 둘 다 'memory'다. 그렇지만 우리는 이 둘의 차이를 본능적으로 알고 있다. "나는 그 사실을 ○○하지 못한다"라는 문장에서 기억이 어울려 보이는 것은 기억은 사라져도 추억은 사라질 것 같지 않기 때문이다. "그 시절 ○○이 그립다"에서는 추억이란 말이 더 어울린다. 추억은 왠지 기억에 비해 감정이 곁들여져 있는 것 같기 때문이다.

감정은 기억을 오래가도록 하거나 또는 쉽게 떠올리도록 도와준다고 한다. 우리 뇌는 바깥쪽부터 순서대로 합리적인 사고, 감정, 그리고 생존을 담당하는 세 영역으로 구분되어 있다. 이 중 감정을 담당하는 중간 영역의 뇌 limbic system 안에는 아몬드처럼 생겼다고 해서 이름 지어진 '편도체amygdala'가 있는데, 이 영역이 작동하면서 느끼는 감정은 기억에 중요하고도 큰 영향력을 미친다.

기업들은 언제나 소비자들에게 자신들을 가인시키기 위한 활동들로 분주해 보인다. 하지만 수많은 경쟁자들을 제치고 소비자의 기억 속에서 우위를 차지하는 일은 결코 쉽지 않다. "이 제품… 광고에서 본 건데!" 하고 알아보게 하는 일도 어렵지만, 구매를 고려하는 순간에 '이걸 사야지!' 하고 기억에서 스스로 떠오르게 하는 일은 더욱 어렵다. 자발적인 기억은 단순히 안다는 차원이 아니라 매우 감정적인 결과물이기 때문이다.[31]

커피 한잔이 생각날 때 바로 스타벅스가 떠오르는 것은 단순히 그 브랜드 이름을 잘 알고 있기 때문이 아니다. 평소 즐겨 찾는 매장의 분위기, 여행지에서 맛본 좋은 향의 커피 한잔과 평온함, 낯선 외국 여행지에서 반갑게 만났던 익숙함까지, 스타벅스에 대한 여러 감정 경험들이 기억에 묻어 있기 때문일 것이다. 바로 추억이다.

🎁 감정은 가치 충족이다

책장의 마지막을 넘기는 순간의 뿌듯함은 발걸음을 서점으로 향하게 하는 촉진제와 같다. 낯선 도시에서 혼자만의 묘한 긴장감이나 즐거움을 경험해본 사람에게는 다음 여행이 언제나 기다려진다. 새로 장만한 자동차를 가족과 처음 탔을 때의 행복했던 감정은 매일 안전운전을 할 수 있게 하는 비결이다. 책의 내용보다는 완독의 목표를 끝냈다는 성취감에, 여행보다는 새로운 경험을 한다는 신기함에, 그리고 자동차보다는 가족의 안전을 지켜줄 수 있다는 가장의 의무감에 우리는 뿌듯해하고, 즐거워하고, 또 행복해할 수 있다. 바로 우리가 살아가면서 중요하게 생각하는 인생의 가치가 충족되었기 때문이다. 감정이란 이러한 가치를 채워준 대상에 따라오는 자연스러운 반응이다.[32]

앞에서 소비자들은 어떤 목표나 동기가 있다고 했다. 한마디로 소비 가치의 충족 여부가 중요한 것이다.[33] 소비자들은 효율적이거나 탁월한 제품에 가치를 느끼며 기뻐한다. 물론 반대라면 걱정되거나 화가 난다. 편의점 도시락과 같은 가성비 좋은 제품이 즐겁고, 비싼 제품은 제값을 할지 걱정이 앞선다. 이처럼 가성비 시장과 고급 시장은 공존하면서 다양한 감정을 소비한다.

17년을 기다렸다며 울먹이며 환호하는 H.O.T. 팬들, 한밤중이라도 손흥민 선수가 출전하는 경기라면 열광하는 축구팬들은 엔터테인먼트와 스포츠 시장에서 경험하는 소비가 흥분, 기쁨, 사랑, 행복과 같은 소비 감정에 얼마나 중요한지를 단적으로 보여준다.

벤츠, BMW, 루이비통과 같은 명품이 주는 과시욕이나 자아존중감도 사랑이나 질투와 같은 소비 감정에서 빠트릴 수 없다. 친환경 제품을 써야 마음이 편할 것 같고, 기부와 연계한 상품에 좀 더 지갑이 열리는 윤리적인 가치도 행복이나 죄책감과 같은 감정과 밀접하다. 요즘처럼 스트레스가 많은 사회에서 명상이나 요가와 같은 소비 가치의 충족은 평화로움이나 행복에서 빠질 수 없다.

마케팅은 한마디로 소비자에게 가치를 선사하는 것이다. 좋은 감정은 소비자에게 가치를 잘 전해준 덕분에 받은 선물이고, 나쁜 감정은 가치를 제대로 전해주지 못한 것에 따르는 응분의 대가다.

🎁 감정이 혁신이다

기업은 언제나 혁신을 외친다. 그런데 막상 주변을 둘러보면 정말로 혁신적인 기업과 제품을 찾기 어렵다. 차별화를 추구한다면서도 모두 양적인 차별화에만 몰두하고 있기 때문이 아닌가 싶다.

'품질quality'이라는 단어는 '질적인' 의미를 갖고 있는 라틴어 'Qualitas'에서 왔다고 한다. 그러고 보니 양적인 경쟁에 몰두하는 것 자체가 품질과 무관한 까닭에 혁신을 방해한다는 지적은 타당하다.[34] 무엇보다 이를 판단하는 소비자들은 주관적이기 때문에 그들의 마음을 흔들지 않고서야 웬만해선 모두 비슷비슷하다고 여겨질 수밖에 없다.

보스턴컨설팅그룹BCG은 매년 올해의 가장 혁신적인 기업을 선정해 순위[35]를 발표한다. 딱히 순위 경쟁에 의미를 부여할 생각은 없지만, 애플은 어떻게 수년간 1위 자리를 굳게 지키고 있을까? 짧은 역사에도 불구하고 자동차 업계에서 가장 혁신적이라고 평가받는 테슬라의 비결은 무엇일까? 그러다가 페이스북이 IBM을 한발 앞선 장면에 이르러서야 그 이유가 짐작이 갔다. 바로 감정이다.

마음은 어디에 있을까? 뇌 과학자들의 연구 결과나 논의들과는 무관하게도 머리보다는 심장이 뛰는 가슴을 마음이라 여기는 것이 모두에게 한결 인간적으로 보인다. 애플, 테슬라, 그리고 페이스북은 바로 우리들의 가슴을 뛰게 해주었다. 누군가는 애플의 신제품을 기다리며 두근두근 설레고, 누군가는 테슬라의 도전에서 가슴 벅찬 희망을 느꼈다. 그리고 우리 모두는 페이스북을 통해서 다른 사람들과의 일상을 공유하며, 공감하고 때로는 질투했다. 이들은 다른 기업들에 비해 훨씬 더 감정에 충실하다.

기업에게 진짜 혁신이란 바로 감정 혁신이다. 소비자들의 추억과 함께하며 소비자들에게 가치를 전해주고 받은 선물 같은 좋은 감정들을 제대로 이해할 때 진짜 혁신이 시작된다. 그리고 이런 것들이 바로 진짜 감정 마케팅이다.

사랑은 시장을 만든다. 그 안에서 소비자들은 '최애'들과 사랑하며 관계를 맺는다. 이런 소비자들이 어느 때는 화를 내고 분노하기도 한다. 드라마 <부부클리닉 사랑과 전쟁>처럼 소비 감정도 사랑과 분노 사이를 지나간다. 감정은 역시 관계다. 그 사이 어딘가에 또 추억이 있다. 노스탤지어(향수)의 힘이다. 이런 감정들을 외면하는 기업은 소비자들과 관계 맺기를 포기하는 것이다.

2장

감정은 관계다:
사랑과 전쟁 사이

사랑과 애착

Love is, above all else, the gift of oneself.

사랑은 그 어떤 것보다 자신을 위한 선물이다.

- 장 아누이 *Jean Anouilh*

 브랜드 사랑

인터넷 검색창에서 '사랑받는 브랜드'를 검색해보자. 사랑받는 브랜드로 선정된 경우부터 많은 브랜드들이 너도나도 소비자들의 사랑을

받겠다는 의지를 불태우고 있다. 브랜드 사랑을 대중에게 알리는 데 큰 역할을 한 『러브마크』[1]의 저자 케빈 로버츠Kevin Roberts는 사랑받는 브랜드가 되는 것만이 브랜드의 미래라고 역설했다.

브랜드를 사랑한다는 말이 어쩐지 어색하게 들릴지도 모른다. 그러나 소비자들은 분명히 브랜드를 사랑한다. 단적으로 소비자들은 '가장 사랑함'이라는 의미를 지닌 최애最愛라는 단어를 즐겨 쓰고 있다. '최애 아이유', '최애 라면', '최애 간식'처럼 최애의 대상은 끝이 없다. 다음은 인터넷에서 볼 수 있는 브랜드를 사랑한다는 소비자의 표현들이다.

> "못 말리는 ○○브랜드 사랑이에요."
> "디자인이 정말 사랑스러워."
> "오랜 세월 많은 사람들에게 사랑받아온 브랜드네요."
> "셀럽들이 정말 사랑하는 브랜드 같아요."

소비자들에게 브랜드 사랑이란 언제나 이것뿐이라는(못 말리는) 충성의 약속 같기도 하고, 이것이 마음에 들어 사고 싶다는(정말 사랑스러워) 고백 같기도 하다. 늘 옆에 있어서 익숙하다는(오랜 세월 사랑받는) 친근감의 인사지만, 한편으론 쉽게 갖지 못해서 오히려 갖고 싶은 강한 열망(셀럽들이 사랑하는)처럼 보인다. 누군가를 사랑하는 것처럼 브랜드 사랑에도 여러 가지 색깔이 있다. 당신은 지금 어떤 브랜드를 사랑하고 있는가.

가수 김광석의 〈사랑이라는 이유로〉의 노랫말처럼 사랑은 함께하는 시간들이 필요하다. 그러나 살아가면서 정말 사랑한다고 말할 수 있는 사람들이 과연 몇 명이나 될까? 하물며 제품과 브랜드라면 더하지 않을까? '최애'라는 표현이 유행어처럼 난무하고 있어도, 수많은 제품과 브랜드가 오랜 시간 소비자들과 함께하고 있어도, 진짜 사랑받는 브랜드는 역시 소수다. 그 이유는 그저 좋아하는 것과 사랑은 질적으로 다르기 때문이다.[2]

일단 사랑의 대상은 나에게만은 이상적이여야 한다. 무엇이든지 해 주고 싶고, 또 모든 것을 함께 공유하고 싶은 마음뿐이어야 사랑이다. 거부할 수 없는 매력과 이끌림이 있는 것은 당연하다. 제품이나 브랜드도 마찬가지다. 소비자가 어떤 브랜드를 사랑한다면 단지 좋아하는 브랜드를 대할 때와는 행동부터 다르다.[3] 브랜드에서 신제품이 나오면 반드시 구입하고, 매장에 들러서 찾는 제품이 없으면 기다려준다. 혹여 브랜드에 대해 나쁜 소문이라도 들리면 적극적으로 나서서 옹호해준다. 이런 브랜드가 흔할 리 없다. 한마디로 브랜드에 대한 사랑은 소비자와 브랜드 사이의 강한 관계다.[4]

🎁 애착하는 소비자

사랑의 감정은 심리학적으로 애착 현상에서도 잘 나타난다. 애착이란 아끼고 사랑하는 대상에 대해 정이 붙어 떨어질 수 없는 마음과 같다. 부모가 되어 보니 애착은 아이들에게는 자연스럽지만 매우 중요한 일이었다. 아이는 부모와의 관계에서 애착을 통해 잘 성장할 수 있다.[5] 애착의 본질이 상대에게 의존하고 친밀감을 느끼며, 떨어지면 불안해하는 감정적인 유대감이기 때문이다.[6] 결국 아이들은 부모와 감정적으로 잘 연결되어 있다고 느끼는 만큼 건강하게 성장하게 된다.

소비자도 다양한 형태의 소유물들에 대해서 오랫동안 함께하면서 강한 감정적 유대감을 형성하고 애착한다. 아이가 부모에게 그렇듯이 소비자들도 애착하는 소유물들에 대해서 강한 연결감을 느낀다.

개인적으로 웬만하면 다 쓴 낡은 물건들은 버리고 정리해야만 마음이 편한 성향이지만, 유독 교체한 휴대폰(스마트폰 포함)만은 고이 간직하고 있다. 휴대폰 안에 저장된 사진들을 다른 곳에 옮기더라도, 함께한 시간들과 추억은 그 안에 그대로 남아 있을 것 같아 차마 버릴 수가 없다. 운전을 시작하면서 처음 탔던 흰색 승용차는 결혼하고 아이까지 함께하면서 무려 15년을 넘게 같이 있었다. 정말 내 차였다. 차마 버리지 못하고 지인에게 넘겨주었지만 헤어질 때의 모습은 아직도 선명하다.

버리지 못했던 휴대폰이 말해주듯이, 애착하는 제품이나 브랜드를 통해 누군가는 자신의 추억을 간직하게 된다. 오래 탄 승용차가 진짜 내 차였던 것은 그저 오랜 시간을 함께해서가 아니다. 삶의 많은 시간들이 투영되어 어른이 되고 또 아버지가 되어가는 나 자신을 잘 표현해주었기 때문이다. 이처럼 소비자는 소비를 통해 무언가에 애착하면서 자신의 모습을 유지하고 또 발전시켜나간다.[7] 사랑과 애착이 기업에게도 중요하지만 소비자에게도 꼭 필요한 이유다.

🎁 사랑받는 브랜드의 비법

브랜드 사랑은 단지 '만족한다' 정도가 아니다. 그렇기 때문에 좋은 품질이나 기능적인 혜택만으로는 사랑을 얻기 힘들다. 일단 브랜드에 대해 다가서고 싶고 더 알고 싶은 동기가 있어야 사랑은 시작된다.

브랜드의 감각을 키워라

오감을 자극하는 브랜드는 소비자들을 기분 좋게 만들 뿐만 아니라 호기심까지 자극한다. 친환경 화장품 러쉬Lush는 오감 자극을 제대로 활용한다. 포장지가 없는 형형색색 제품과 향기는 소비자들의 발길을 매장으로 이끈다. 여기에 촉각적인 사용감은 브랜드와 제품들에 대해 더 알고 싶게 만든다. 비트 있는 음악, 초콜릿과 치즈를 연상시키는 미각적인 자극은 마치 식당에 와 있는 듯 먹어도 될 것 같은 착각에 빠트린다. 오감을 통한 러쉬만의 자연주의가 소비자들에게 제대로 전달되면서 그렇게 사랑이 시작된다.

브랜드의 사랑(감정)을 정하라

뉴욕 거리를 걷다 만난 '러브LOVE' 조각상의 색깔처럼, '사랑' 하면 빨간색이 떠오르지만 생각해보면 사랑에도 여러 가지 다른 색이 있을 것이다. 소비자들의 사랑 감정[8]도 따뜻하거나, 열정적이거나, 낭만적이어서 각각 사랑의 색이 다 달라 보인다. 한국인들의 소비 감정[9]에서는 전혀 다른 색깔의 정情이라는 감정이 편안함을 드러낸다.

❚ 러쉬_스타필드 하남 ©LUSH KOREA

❚ 러쉬_롯데백화점 청량리 ©LUSH KOREA

사랑의 색이 각각 다른 것처럼 브랜드에 대한 사랑도 다르다. 그런데도 많은 브랜드들이 그저 사랑받겠다고만 한다. 무엇보다 다양한 사랑 감정의 유형을 알고 그에 적합한 감정을 정해야만 한다. 뽀로로나 헬로키티 캐릭터를 사랑한다고 해도 두 감정이 같은 유형의 사랑은 아닐 것이다.

브랜드의 열정(집단)을 키워라

연인이야 상대를 향한 혼자만의 사랑이지만 브랜드는 나만의 사랑이 아니다. 아이돌 팬클럽이나 유명한 브랜드 커뮤니티에서 보듯이 브랜드는 충성 고객들의 사랑을 먹고산다. 어느 방송프로그램에서 할리데이비슨의 한국지사 대표가 "충성 고객들이 자신의 몸에 브랜드를 문신으로 새긴 경우가 '할리' 말고 또 있겠느냐"라고 말한 적이 있는데 참 인상적이었다.

모든 고객들이 똑같이 열정적일 수는 없다. 그래서 소수의 열정적인 집단을 지원하고 키우려는 노력이 필요하다. 이런 점에서 기업은 아이돌에게서 한 수 배울 필요가 있다. 워너블, 원스, 레베럽, 유애나, 블링크… 모두 아이돌 팬클럽 이름이다. 순서대로 워너원, 트와이스, 레드벨벳, 아이유, 블랙핑크 팬클럽들이다. 다 맞추었는가? 그렇다면 아이돌 덕후로 인정할 만하다.

사랑이 만드는 시장

영화 〈러브 액츄얼리Love Actually〉의 OST로도 유명한 비틀즈의 노래 〈All you need is love〉의 가사처럼 각박한 세상살이에 사랑만큼 필요한 것도 없다. 연인 간의 뜨거운 사랑, 마음 따뜻해지는 친구와의 우정, 부모님의 무한 애정까지 모두 사랑이다.

소비시장에서도 사랑은 한자리를 크게 차지하고 있다. 국내 결혼시장의 규모만 한 해 22조 원에 이른다고 한다. 한국의 미를 세계에 전파하고 있는 K-뷰티시장의 규모도 14조 원을 넘어섰다.[10]

사람들 사이의 사랑을 대리代理해 준다는 점에서 사랑과 관련된 상품시장은 강력한 힘이 있다.[11] 영화 〈티파니에서 아침을Breakfast At

Tiffany's〉에서 커피 한 잔을 손에 들고 보석가게를 바라보던 여주인공 홀리(오드리 헵번)의 욕망은 보석, 화장품, 향수와 같은 상품들이 로맨틱한 사랑을 전하는 최고의 전도사임을 알려준다.

빌보드를 강타한 방탄소년단의 〈Fake Love〉에 많은 사람들이 열광하는 것처럼 음악시장은 사랑이 없었다면 아마 반쪽이 되지 않았을까. 2018년 초등학생들에게 최고의 인기곡이 아이콘의 〈사랑을 했다〉라고 하니 말 다한 셈이다. 드라마, 영화, 예능프로그램에서도 사랑은 영원한 단골손님이다. 초코파이 정情처럼 브랜드의 이름이나 콘셉트에도 사랑은 빠지지 않는다. 그만큼 사랑은 듣기만 해도 사람의 마음을 뛰게 하고 다가서고 싶게 만드는 감정적인 단어다.

🎁 핸드메이드 시장

핸드메이드handmade 시장의 성장을 주목할 필요가 있다. 핸드메이드 박람회에 나온 상품들은 공예, 패션 액세서리, 인테리어, 음식, 화장품과 같은 감성 상품들이 주를 이룬다. 아마 대량 상품들에서는 엿볼 수 없는 자신만의 특별함을 찾는 소비자들이 늘고 있기 때문일 것이다.

그런데 최근 한 연구를 보면 핸드메이드 상품이 (기계로 만든 상품들에 비해) 소비자들에게 매력적으로 여겨지는 이유도 바로 사랑 때문이라고 한다. 소비자들은 흔히 핸드메이드 상품에는 장인들의 열정과 사랑이 녹아 있다고 생각한다. 그렇게 상품에 채워진 사랑이 핸드메이드 상품을 더 매력적으로 보이게 하고 사고 싶게 만드는 이유가 된다는 것이다. '핸드메이드 효과handmade effect'는 한마디로 상품에 채워진 사랑 덕분이었다.[12]

최근 홈메이드homemade 시장 규모가 커가는 것도 같은 이유에서 생각해볼 수 있다. 아이에게 만들어주는 이유식부터 함께 만드는 초콜릿까지, 장인이 만들지는 않았지만 가족의 정성과 사랑이 들어간 상품은 직접 만드는DIY; Do-It-Yourself 재미까지 더해준다.

🎁 의례시장

2018년 나이키가 자사의 30주년 기념 광고모델로 미국 미식축구NFL 선수인 콜린 캐퍼닉Colin Kaepernick을 기용했다 트럼프 대통령과 마찰을 빚는 일이 벌어졌다. 캐퍼닉이 미국 내 인종 차별에 항의하는 뜻으로 경기 전 국가가 나올 때 국민의례를 거부하고 무릎을 꿇는 행동으로 대신했었다는 것이 이유였다. 캐퍼닉의 행동은 이후 여러 선수들의 동참과 사회적 호응을 이끌어 내기도 했지만, 한편에서는 나이키 불매 운동으로 이어지기도 했다. 미국의 유산을 존중하지 않는다는 이유였는데, 캐퍼닉은 이전 소속팀과 계약이 끝나고 어느 팀과도 계약을 하지 못하면서 곤경을 겪고 있다. 이처럼 의례ritual란 상징적인 활동이지만 변치 않는 연속성과 시기적인 반복을 통해 사람들의 생각과 행동

에 깊이 뿌리박히게 된다.[13]

　일상생활에서도 결혼, 결혼 기념, 아이 돌, 생일, 졸업과 같이 반복적으로 사랑을 전달해온 의례들이 꽤 많다. 그뿐만 아니라 크리스마스, 밸런타인데이, 화이트데이, 그리고 빼빼로데이 등 상업적이라는 비판과 수군거림은 있지만 꿋꿋하게 이어져오면서 연례행사로 자리 잡은 사랑의 날들도 많다. 이런 날 사랑이 만들어내는 소비는 한마디로 선물하기다.

　2월 밸런타인데이를 시작으로 3월 화이트데이, 11월 빼빼로데이, 12월 크리스마스까지, 누군가에게 줄 선물을 고르고 구입하는 일은 분명히 쉬운 일은 아니지만,[14] 그럼에도 선물이 빠진 이런 날들을 상상하기 힘들 만큼 선물은 누군가와의 관계에서 상징적이다.[15] 빼빼로데이와 관련한 흥미로운 설문조사 결과가 있다.[16] 성인 응답자의 다수(63%)가 빼빼로데이에 대해 '적당히 즐긴다면 좋다'라고 긍정적으로 반응한 것이다. 그 이유는 고마운 누군가에게 감사를 표할 수 있는 기회이기 때문이며, 그 대상은 부모님, 친구, 연인, 직장동료까지 다양했다.

　누군가에게 감사를 표하며 살기 힘든 요즘, 이렇게라도 기념일을 맞이해 작은 선물로 마음을 전하는 것도 그리 나쁘지만은 않을 것이다. 단, 체면이나 형식을 차리지는 말자. 주는 사람도 받는 사람도 부담감에 오히려 행복에서 멀어질 것 같기 때문이다. 사랑은 사람들 사이의 관계를 맺어줄 뿐 아니라 달콤한 시장을 만들어내는 마법 같은 감정이다.

🎁 덕후시장

자신의 취미나 관심 분야에 시간과 돈을 쓰는 소비자들이 늘고 있다. 레고나 건담처럼 어린 시절부터 계속해온 취미가 성인이 되어서까지 지속되는 키덜트kidult 소비자들의 시장 규모가 1조 원을 넘어섰다고 한다.[17] 구매력을 갖추고 비싼 한정판뿐 아니라 자신이 좋아하는 것을 적극적으로 수집하는 키덜트 소비자들과, 게임이나 캐릭터에 친숙해진 성인들이 늘면서 이러한 소비 현상이 점차 보편적이게 된 것도 시장 성장을 견인하고 있다. 카카오프렌즈나 라인프렌즈와 같은 캐릭터 상품들이 남녀노소 누구에게나 사랑받는 시대가 되었다.

덕후라는 단어도 대세다. 한 분야에 빠진 사람들을 뜻하는 일본어 오타쿠オタク에서 온 말인데 특정 분야에 빠져 있는 전문가라는 긍정적인 이미지가 더해져서인지 요즘은 주변에서 덕후들을 많이 볼 수 있다. 몰입하기 좋은 게임과 애니메이션은 물론 맥주 덕후, 뮤지컬 덕후, 택배 덕후, 음악 덕후, 축구 덕후까지 덕후들이 찾고 좋아하는 대상은 산업이나 상품을 가리지 않는다. 이러한 덕후 소비가 흥미로운 것은 SNS를 통해 전파되면서 마치 유행을 선도하는 모습처럼 보인다는 점이다. 진짜 한 분야에 빼어난 덕후까지는 아니더라도 트렌디한 소비에 동참하려는 요즘 소비자들도 자꾸만 덕후시장에 눈길을 주고 있다.

물론 진짜 덕후들도 많아졌다. 도라에몽 덕후로 유명해진 탤런트 심형탁 씨처럼 정말 자신이 애착하는 소비활동에 집중하는 조용한 덕후들도 많지만, 유튜브나 인터넷 개인방송을 통해 숨어 있던 재야의 덕후

고수들이 세상에 등장하는 경우가 많아졌다. 이들은 주변 소비자들에게 강력한 영향력을 행사한다는 점에서 '인플루언서influencer'로 불리기도 한다. 진짜 덕후들의 전문성이 타인의 소비를 이끌고 있는 것이다.

키덜트나 덕후시장은 애착시장과 다르지 않다. 좋아하고 애착하는 대상에 대한 소비를 통해 자신을 적극적으로 표현하는 소비자들이 늘고 있는 것이다. 사랑은 자신에게 주는 최고의 선물이라는 말이 이들에게 딱 들어맞는 것 같다.

🎁 반려동물 시장

국내 반려동물 시장은 급속하게 성장하고 있다. 반려동물Pet을 가족Family으로 여긴다는 의미에서 '팻팸족'이라는 단어가 등장했으며, 이와 관련된 시장 규모가 3조 원을 넘어섰다고 한다.[18] 옥스퍼드 영어사전에는 개나 고양이 또는 털이 달린 동물을 가리키는 새로운 단어로 '퍼 베이비fur baby'가 등장했다.

세상이 각박해질수록, 또 이런저런 이유로 혼자 사는 사람들이 늘어나면서 사랑을 주고받을 누군가를 대신해서 팻팸과 퍼 베이비들이 등장한 것 같아 씁쓸하기도 하다. 그러나 이것 역시 새로운 형태의 사랑이라는 점에서는 반길 일이다. 나를 표현한다는 의미에서 또 다른 나를 찾는 것이 이렇게 일상적인 소비에 그치지 않고, 덕후 소비나 반려동물 시장처럼 특별함으로 확산되고 있는 것이다.[19]

보헤미안 랩소디 열풍

흐릿한 불빛에 돌아앉아 도란도란거리는 곳, 그곳이 차마 꿈엔들 잊힐 리야.

- 정지용, 〈향수〉

🎁 노스탤지어(향수) 효과

TV를 보고 있자면 현재보다는 과거를 살고 있는 듯한 기분이 들 때가 있다. 드라마 '응답하라' 시리즈나 〈불후의 명곡-전설을 노래하다〉

처럼 그때 그 시절을 돌아보게 히는 방송들의 인기가 계속되고 있고, 드라마 〈시그널〉처럼 현재와 과거의 시간을 넘나드는 타임 슬립time slip은 이야기의 중요한 소재로 자리를 잡았다.

　과거가 반드시 지금보다 더 좋았던 것은 아닐 텐데, 그래도 옛것을 그리워하고 또 좋아하는 사람들의 심리는 뭘까? 노스탤지어nostalgia라고 불리는 이러한 현상은 사람들이 젊은 시절 일상적이었던(인기가 있었거나, 유행이었던, 혹은 널리 사용되었던) 것들을 돌아보며 좋아하는 마음이다.[20] 노스탤지어라는 단어 자체가 17세기 향수병을 지칭하는 의학용어로 처음 쓰였다고 하니[21] 어쩌면 왜 옛날 것을 좋아하는지 이유를 따지는 것이 무의미할 수도 있을 것이다. 사람들이 고향을 그리워하고 좋아하는 것은 당연한 것 아닌가.

　영화 〈보헤미안 랩소디〉 열풍은 전형적인 노스탤지어 소비 현상으로 볼 수 있다. 젊은 날 퀸을 좋아했거나 그 시절을 함께했던 40~50대 중·장년층에게 영화 속 퀸과 음악은 가장 좋았던 자신들의 옛날 모습을 돌아보게 한다. 그래서 퀸에 다시금 열광하는 것이다.

　물론 젊은 시절 좋아했던 음악이나 영화, 스타에 대한 감정은 나이가 들어서도 쉽게 변하지 않는 것 아니냐고 반문할지도 모른다. 그러나 연구자들은 노스탤지어로 인한 선호가 다양한 소비 제품들에게도 나타날 수 있음을 강조한다.[22] 그래서인지 최근에는 중·장년층 소비자들을 잡으려는 움직임이 테마파크에까지 나타난다고 한다. 일본에서는 옛날 분위기를 살린 '라멘박물관'이나 시니어들의 추억과 경험을 되살린 놀이기구들로 재탄생한 '요미우리랜드'가 좋은 반응을 얻고 있다.[23] '한 입 베어 물면 입안에 한 시대가 들어오는 듯한 식당'[24]이라는 노포老鋪의 인기나, 복고풍의 레트로 제품 디자인이 중·장년 소비자들에게 인기 있는 것도 모두 노스탤지어 선호 현상 때문이다.

한 가지 흥미로운 점은 소비에서 노스탤지어 감정과 선호 현상이 나이 든 사람들만의 전유물은 아니라는 것이다. 〈보헤미안 랩소디〉에 열광하는 20~30대, 태어나기 전 시절이 배경인 〈응답하라 1988〉 애청자였던 10대, 들어보지 못했던 '불후의 명곡'을 옆자리의 부모님과 같이 환호하며 즐기는 젊은이들은 언제나 노스탤지어 소비에서 한 자리를 지키고 있다. 실제 〈보헤미안 랩소디〉 관람객의 비율을 분석하면 20~30대가 차지하는 비중이 매우 높았다. 트렌드 연구자들은 이를 뉴트로New-tro; New+Retro 현상이라고 부르는데, 자신들이 살았거나 경험하지 못했던 과거를 신기해하는 일종의 판타지 소비 현상으로 볼 수 있다. 한마디로 간접 향수vicarious nostalgia[25]를 즐긴다고 보면 될 것 같다.

최근 기업들이 복고풍 디자인이나 마케팅에 열을 올리는 것도 그 시절을 직접 겪은 중·장년층을 상대하기보다는 젊은 소비자들의 시선을 끌기 위한 노력으로 이해할 수 있다. 새우깡, 부라보콘, 바나나맛 우유와 같은 장수 브랜드들이 여전히 인기 있고 많이 팔리는 것도 중·장년 세대는 그 시절과 맛을 추억하고, 청년 세대는 신기해하며 즐기기 때문일 것이다.

🎁 노스탤지어의 함정

노스탤지어에는 한 가지 큰 함정이 도사리고 있다. 좋아하는 대상이 바로 그 시절 그 모습에 머물러 있다는 점이다.[26] 영화 〈보헤미안 랩소디〉는 라이브 에이드Live Aid 공연 장면에서 무대 위 콜라병 하나까지 실제 과거의 모습을 그대로 재현해냈다. 물론 배우들의 재현 모습도 완벽을 더하며 관객들에게 감동을 선사했다. 영화를 본 사람들의 평가는 노스탤지어 감정의 핵심이 바로 과거의 그 모습에 있음을 상기시켜준다.

"라이브 에이드 공연장에 실제 다녀온 느낌, 생생하고 벅찬 감동."
"영화 보고 실제 라이브 에이드 공연영상을 봤는데 똑같아서 다시 흥분."

❙ 보헤미안 랩소디 ©Naver movie

그래서 브랜드가 노스탤지어 전략을 활용할 때는 주의가 필요하다. 1985년 코카콜라가 뉴코크를 출시했다 실패한 것은 한마디로 추억 속의 내 콜라가 아니라는 이유에서였다. 붉은색 대신 흰색 코카콜라 캔을 선보였다가 심지어 맛이 달라졌다는 원성까지 들었던 적도 있다. 2010년 의류업체 갭GAP은 20년간 사용하던 로고를 변경했다가 소비자들로부터 혹평을 듣고는 없던 일로 돌리기도 했다. 세월이 흘렀으니 시대에 맞춰 변화를 꾀한 시도였을 테지만, 소비자들은 "내 추억 속의 브랜드에게 무슨 짓을 하는 거야!"라고 강력한 항의를 보낸 것이다.[27]

오랫동안 사랑받고 있는 장수 브랜드들도 디자인이나 외형에 급격한 변화를 주는 것은 금물이다. '알게 모르게 조금씩' 변화를 주는 것이 브랜드에 대한 소비자들의 추억을 훼손하지 않으면서도 신선함을 유지하는 비결이다. 변함없는 항아리 모양으로 사랑받아온 빙그레 바나나맛 우유도 1974년 출시된 이후 여러 차례 디자인을 변화시켜왔다. 단지 크게 바뀌지 않아 소비자들이 알아채지 못했을 뿐이다.

그렇다고 브랜드가 과거의 향수에만 묶여 있을 수는 없다. 흔히 과거로 돌아간다는 복고풍의 레트로 전략은 엄격하게 말해서 그대로의 과거가 절대 아니다.[28] 과거와 밀접한 연관이 있지만 현재와의 조화가 핵심이다. 과거의 원형을 잘 유지하지만(되살리지만) 품질과 디자인 변화 등은 철저하게 현재의 기준에 맞게 발전시켜야 한다. 폭스바겐이 출시했던 뉴비틀은 이전 비틀의 원형을 유지하면서도 현대적으로 발전했다. 그저 과거 좋았던 시절 소비자들의 향수에 묻어간다는 안일한 생각으로 변하지 않는 제품을 내놓는다면 일시적으로 반응이 좋을지는 몰라도 필패必敗한다.

🎁 미키마우스에게 배우는 장수 비결: 노스탤지어를 넘어서

"나는 단지 이 모든 것들이 한 마리의 생쥐로부터 시작되었다는 것 한 가지만은 결코 잊지 않기를 바란다."

- 월트 디즈니Walt Disney

2018년은 미키마우스가 탄생한 지 90주년이 되던 해였다. 1928년 11월 18일 흑백 유성영화 〈증기선 윌리호steamboat willie〉에 처음 등장한 이후 영화와 상품 디자인, 그리고 전 세계 디즈니랜드의 주인공으로 수많은 사람들과 함께해왔다. 90살이라는 나이와 상관없이 미키마우스는 언제나 그대로이며 남녀노소 누구에게나 사랑받고 있는 대표 캐릭터다. 어른들에게는 옛날의 향수를 불러일으키고, 아이들의 미키마우스 사랑도 변함없다. 과거의 향수를 넘어 오랫동안 사랑받는 미키마우스의 비결은 도대체 무엇일까?

과거의 향수를 저버리지 않는다

미키마우스는 언제나 추억 속의 모습 그대로다. 오랜 세월 동안 디자인적으로는 눈이 커지고 머리와 키 비율이 조금 달라졌다는 분석이 있지만 우리들에게는 한결같은 모습이다. 적절하게 과거의 추억을 되살려주기도 한다. 1940년 제작된 클래식 애니메이션 〈환타지아Fantasia〉에 마법사로 등장했던 미키마우스는 〈환타지아 2000Fantasia 2000〉에서 같지만 세련된 모습으로 돌아와 옛 감정을 자극한다. 1940년대 TV 만화영화인 〈미키마우스 클럽The Mickey Mouse Club〉 역시 2006년 TV 시리즈 〈미키마우스 클럽하우스Mickey Mouse Clubhouse〉로 재탄생하면서 과거의 향수와 현재의 즐거움을 모두 잡았다. 도날드 덕, 구피 등 함께하는 친구들이 있어 더욱 반갑다.

현대적으로 재해석되는 레트로의 진수를 보인다

미키마우스의 가장 큰 장점은 동그라미 3개만으로 표현해도 미키마우스인지를 쉽게 알아차릴 수 있다는 것이다. 이러한 단순한 디자인은 다양한 협업을 통해 동시대적으로 재해석되면서 레트로 디자인의 진수를 보여주고 있다. 2007년 레인콤(현 아이리버)의 엠플레이어가 미키마우스의 단순한 디자인으로 인기를 끌기도 했고, 2018년에는 미키마우스 90주년 기념으로 많은 컬래버레이션collaboration 상품들이 선을 보이며 과거가 아닌 현재의 미키마우스를 만날 수 있었다. 심지어 2018년 처음 방한한 미키마우스의 첫 행사는 걸그룹 우주소녀와의 합동 공연이었다.

과거와 현재, 그리고 미래 고객을 충실하게 만난다

90년 동안 미키마우스는 세분화된 고객층에 맞는 미키마우스를 선보여 왔다. 미래 고객인 유아들을 위한 베이비 미키, 밝은 이미지로 10대와 20대를 상대하는 컨템포러리 미키, 중·장년층을 대상으로 향수를 불러오는 복고풍 의상의 클래식 미키까지 말이다. 미키마우스는 확실히 노스탤지어의 힘을 갖고 있지만 그것에만 의지하지 않았다. 노스탤지어를 넘어서 현재와 미래를 이야기한다. 이것이 미키마우스가 지난 90년간 한결같이 사랑받아왔고, 앞으로도 사랑받을 수 있는 비결이다.

화가 분노가 되는 세상

Anger is only one letter short of danger.

화와 위험은 단지 한 글자 차이다.

🎁 소비자가 화났다

"화났어?"

"화 얼마나 났어?"

"화 많이 났구나!"

서로 다투다 보면 위와 같은 말들을 흔히 주고받게 된다. 다른 감정 들에 비해 '화'는 유달리 '얼마나' 또는 '많이'와 같이 감정의 양을 따져 보게 된다. 그만큼 화라는 감정의 진동 폭이 크기 때문일 것이다.

화가 난다의 한자어 뜻은 불火이다. 아마 처음부터 큰불은 없을 것 이다. 작은 불씨를 못 잡아서 화anger가 되고, 결국에는 머리끝까지 화 가 치밀어 분노rage하게 된다. 가장 좋은 해결책은 초기에 잡는 것이 다. 처음의 작은 불만이 화가 되기 전에, 그리고 화난 감정이 과격한 표 정이나 말과 행동을 동반하는 분노로 바뀌기 전에 말이다.[29]

우리는 소비자라는 이름으로도 꽤 많은 화를 경험한다. 주문한 음 식이 너무 늦게 나와 짜증날 때, 비싼 돈을 주고 산 제품의 성능이 불 만족스러울 때, 매장 직원이 불친절할 때 기분이 언짢다가 어느 순간 씩씩거리면서 화난 소비자가 된다. 물론 소비자들의 마음도 처음에 는 그저 기분이 좋지 않은 정도였을 것이다. 그러다 상대의 대처에 따 라 어느 순간 화가 되기도 하고, 여기서 더욱 강해져 분노에 이르는 것 이다.

한 연구에 의하면 분노는 즉각적인 반응이기보다는 불평이 잘못 처 리되면서 시간에 걸쳐 증폭되어 나타나는 감정이라고 한다. 결국 기업 들에게는 잘못을 충분히 만회할 수 있는 기회가 주어졌음에도 제대로 처리하지 못한 것이 화를 불러온 것이다. 여기서도 해결이 안 되면 어 느 순간 소비자들은 갑자기 감정이 격화되고 화가 분노로 바뀌게 된 다. 해결책이 마음에 안 들면 오히려 분하다는 생각이 들면서 기업에 복수하겠다는 마음까지 이어질 수도 있다.[30]

🎁 왜 화를 낼까?

그렇다면 소비자들은 왜 화를 내고 분노하는 것일까? 생각해보면 시작은 거의 작은 원인에서 비롯된다.

한번은 식당에서 주문한 스테이크가 식어서 나왔기에 종업원에게 불평을 제기한 적이 있었다. 주문했던 음식은 벌써 나와 있었는데 사람들이 많아 매장이 붐비다 보니 우리 테이블로의 전달이 한참 늦어졌던 것 같다. 충분히 있을 수 있는 일이다. 그런데 불평을 제기한 이후부터가 진짜 문제였다. 종업원이 식은 음식을 해결해주겠다며 가져가더니 한참 후에 다시 가져온 것은 데우다 만 듯 오히려 더 퍽퍽해진 스테이크였다. 새로 만들었다는 거짓말 같은 변명까지 더해지면서 불평은 화가 되었다.

한 연구에 의하면 소비자들이 화를 내는 것은 기본적인 인간의 욕구가 상처받았기 때문이라고 한다.[31] 소비자는 문제가 발생하면 자신들의 경제적인 면(돈과 시간)이 아깝다거나, 자존감(나를 무시하나)에 상처를 입거나, 공정하지 못하다는 생각이 들기도 하고, 또한 자신들이 그 문제를 어떻게 통제할 수 없다는 생각에(무기력해져) 화를 낸다. 경우에 따라서는 자신이나 사랑하는 사람들에 대한 안전이 위협받는다는 이유로 화가 나기도 한다.

여기서 흥미로운 점은 단계별로 그 이유와 감정이 변한다는 것이다. 처음 문제가 발생했거나 불평을 제기하는 순간에는 단지 돈이나 시간이 아깝다는 생각 혹은 불공정하다는 이유로 기분이 나쁜 정도가 대부분이다. 따라서 기업은 이 지점에서 제대로 대응해야 한다. 자신들에게 문제가 있다면 인정하고 진정한 사과와 함께 적절하게 보상하는 것이 옳다. 그런데 불평에 대한 대응을 잘못하면 어떻게 될까? 불평에 대한 대응이 잘못될수록, 이제는 돈과 시간보다는 '이 사람들이 나를 무시하나!'라는 생각에 자존감에 상처를 입게 된다. 공정하지 못하다는 생각도 처음보다 더욱 커지고 스스로 해결하지 못했다는 무기력한 생각도 든다. 더 이상 기분 나쁜 정도가 아니라 화나고 분노하는 소비자로 변하게 되는 것이다.

나의 경험 역시 처음엔 한참 있다 잘못 나온 음식 때문에 돈과 시간이 아까워 불만인 정도였다. 그러다 화가 난 이유는 이후의 부적절한 대응에 상해버린 마음 탓이었다. 이 과정에서 나도, 주문을 받은 종업원도, 그리고 식당도 결국에는 모두 피해를 볼 수밖에 없었다. 종업원은 고스란히 나의 화를 감당해야만 했고, 나 역시 좋은 날 기분을 망친 셈이었다. 물론 그 식당은 이후로 다시 찾지 않는다.

"호미로 막을 것을 가래로 막는다"라는 속담이 있다. 소비자가 기분이 상한 정도인지 아니면 이미 화가 나고 분노하고 있는지에 따라 대응이 달라야 한다. 이왕이면 화가 나기 전에 기분 나쁜 이유를 제대로 파악해서 적절하게 대응하는 것이 중요하다. 소비자들이 화가 났다면 그저 단순히 문제를 해결하는 데 집착할 것이 아니라 무시를 받았다거나 유독 자신에게만 공정하지 못한 것 같다고 생각하는 그들의 상처받은 마음을 헤아릴 수 있어야 한다. 그리고 진심 어린 자세로 문제를 해결하는 것이 중요하다.

비단 기업과 소비자들의 경우만은 아닐 수 있다. 일상에서 우리들도 누군가를 화나게 하고 또 누군가로 인해 화가 나고 분노할 때가 있다. 그때마다 우리들은 과연 화가 난 상대방의 감정 상태와 그 이유를 제대로 알고 대응하고 있을까? 오히려 진정시킨다고 하는 말이나 행동들이 상대방의 화를 돋우고 있는 것은 아닌지 곰곰이 생각해볼 필요가 있다.

🎁 복수인가, 용서인가

고객 불만이나 불평을 듣고 해결하기 위해 기업은 고객의 소리VOC; Voice of Customer에 적극 투자하고 노력한다. 현장을 방문해보면 시스템적으로 고객의 불평이나 불만사항을 매일 집계하고 해결책을 강구했는지를 직원 평가에 반영하는 기업들을 자주 보게 된다.

그러나 화나고 분노한 고객들의 소리는 공식적인 채널만으로 통제하기 어렵다. 그냥 혼자 조용히 떠나가는 데서 그치지 않고, 주변에 자신이 당한 문제를 적극적으로 알리거나 권리를 찾기 위해 정부기관에 공식적으로 신고하고, 경우에 따라서는 불매boycott로까지 번지기도 한다. 내가 당한 손해에 대해서 기업을 혼내고 되갚겠다는 복수의 심정인데, 무엇보다 유튜브나 SNS를 통해 개인의 복수가 쉽게 전파되고 공유되면서 집단의 복수로 바뀐다는 것이 기업들에게 치명적이다.

캐나다 무명밴드의 기타리스트인 데이브 캐럴Dave Caroll이 제작해 유튜브에 올린 '유나이티드가 내 기타를 부순다네United Breaks My Guitar'라는 동영상이 있다. 그는 수하물 운반 담당자의 부주의로 자신의 기타가 파손된 데 대해 수차례 배상을 요구했지만, 항공사는 이런저런 변명을 늘어놓으며 적절한 배상을 해주지 않았다. 이에 분노한 데이브는 자신의 경험담을 뮤직비디오로 만들어 유튜브에 올렸고, 하루만에 15만 명이 뮤직비디오를 감상하면서 폭발적인 반응을 보였다. 결과적으로 이 사건에 대한 들끓는 비난 여론에 유나이티드항공은 기업이미지 훼손은 물론 주가가 급락하는 큰 손실을 입었다.

분노한 고객에 대한 진정성 없는 기업의 대응이 화를 키우는 경우는 의외로 많다. 코스트코 제품을 수제쿠키라고 속여 팔다 SNS를 통해 사실이 알려진 '미미쿠키'는 거짓된 변명으로 대응하다 소비자들의 분노만 키웠다. 젓가락으로 피자를 먹는 우스꽝스러운 모습의 여성이 등장한 광고로 중국인 비하 논쟁에 휩싸인 '돌체앤가바나'는 뒤늦게 창업자까지 나서 사과했지만 분노한 중국 소비자들은 불매 운동에 적극 동참하고 있다.

'시간이 지나면 가라앉고 어느 정도 해결되겠지'라고 생각하는 기업들이 있다면 생각을 고쳐야만 한다. 물론 화가 나서 기업에게 복수하겠다고 마음먹은 소비자들에게 당장 용서받기는 힘들 수 있다. 그러나 화를 내고 복수하겠다는 소비자들의 마음 한편에는 어쩌면 애정이 남아 있는 것인지도 모른다. 특히 평소 관계가 좋았던 소비자들은 기업을 용서하려는 마음도 있기 때문이다.[32] 충성 고객들에게 복수와 용서는 동전의 양면과 같다.

신속하고 진정성 있는 대응은 고객들의 마음을 분노에서 용서로 되돌려놓을 수 있다. 판매 초기 배터리 폭발로 큰 곤경에 처했던 '갤럭시 노트 7'에 대한 삼성전자의 신속한 사과와 리콜은 고객들의 마음을 되돌려놓을 수 있는 좋은 선택이었다. 평소 착한 기업 이미지를 쌓아놓는 것도 중요하다. 소비자들이 화가 났을 때 평소 사회적 책임을 잘 한다고 생각하는 기업이 구하는 사과를 더 잘 받고 용서한다는 연구도 있다.[33] 물론 어디까지나 기업의 문제가 용서할 만한 수준에서다. 소비자들에게 유해한 상품을 판다거나 법적으로 큰 문제가 있는 기업들까지 모두 용서할 수 있는 것은 아니니 말이다.

공감능력

🎁 소비자, 나를 한번 돌아보자

따지고 보면 소비자들만 화가 나는 것은 아닐 것이다. 상대편에 있는 기업의 종업원들도 정도가 지나친 소비자들에게는 화가 나지만 내색할 수 없는 것뿐이다. 여러 사람들이 함께하는 식당이나 카페에서 자기만의 편의를 위해 무리한 요구를 하거나 주변에 피해를 주는 행동을 주저하지 않는 소비자들도 실제로 많다. 그런 사람들은 테마파크나 공항에서 안전을 위해 지켜야 할 규칙들을 무시하면서도 따르기를 요구받으면 오히려 문제를 제기하거나 화를 낸다. 심한 경우 종업원들에게 과격한 말이나 행동을 해 위협적이기까지 하다. 오죽하면 불량고객이라는 말까지 있겠는가. 감정 노동emotional labor에 시달리는 종업원들의 고충이 안타까울 따름이다.

감정 노동이란 많은 사람들의 눈에 보이는 얼굴 표정이나 몸짓을 만들기 위해 스스로의 감정을 관리하는 일을 말한다. 화가 난 소비자들을 상대하는 종업원들은 맞대응하면서 화를 낼 수 없기에 자신들의 표정과 감정을 관리할 수밖에 없다. 얼굴은 웃고 있지만 마음은 아프고 우울해서 '스마일마스크 증후군'이라고 불리기도 한다.

상대를 생각한다면 소비자들도 혹시 기분이 나쁘고 화가 나더라도 한번쯤 그 이유를 구체적으로 따져봐야 한다. 물론 문제 발생의 원인이 상대쪽에 있더라도 말이다. 상대방의 입장에서 문제를 통제할 수 있었는지 없었는지 한번쯤 생각해보자.

예를 들어 비행기가 보안문제로 출발이 지연된다면 항공사나 직원 입장에서도 어쩔 수 없는 일이다. 이럴 때 늦는다고 불평하고 화를 낸다면 스스로 불량고객이 될 뿐이다. 늘 그런 문제가 반복적으로 발생하는지 아니면 우연히 실수로 벌어진 일인지도 한번쯤 생각해보자. 신입직원이라서 어쩌다 발생한 실수라면 그럴 수 있겠다고 생각해보는 것도 화를 다스리는 지혜다.

기업이나 종업원이 분명히 잘못했다면 화를 내고 정당한 요구를 하는 것이 맞지만, 한번쯤 혹여 '내 탓이 아닌가?' 하는 마음을 가져보는 것도 분노 상황을 벗어나는 현명함이다. 소비자들의 화와 행동은 주변 소비자들에게까지 도미노처럼 번지기 때문이다.[34]

🎁 내 탓인가, 남의 탓인가

신호 위반이나 과속으로 교통범칙금 통지서를 받는 경우 부끄러워하기보다 오히려 화를 낼 때가 있다. 내가 잘못했다고 생각하는 게 아니라 오히려 경찰의 야박함을, 동행했던 누군가를, 혹은 어쩔 수 없었던 상황에서 자꾸 이유를 찾기 때문이다. 감정의 이유 찾기에서 자기 유발 감정은 원인이 나에게 있는 감정이며, 타인(상황)유발 감정은 다른 사람이나 상황에 있을 때의 감정이다. 대표적으로 부끄러움이나 죄책감은 내가 원인이지만 화가 나는 것은 타인(상황) 때문이다.

그런데 문제는 어떤 일의 결과가 좋지 않을 때 실제 나의 생각이나 행동 때문임에도 불구하고, 대부분 타인이나 상황 탓으로 돌리는 경향이 크다는 것이다. 그렇다 보니 사실은 부끄러워해야 하는 일에 오히려 화를 낸다. 결과적으로 내 탓보다는 남의 탓을 주로 하는 우리들은 분노사회를 살아갈 수밖에 없다. 앞서 종업원들에게 지나치게 무례한 소비자들도 혹시 남의 탓을 하는 것은 아닐까? 불만족한 제품이나 서비스에 기업 탓을 하는 것은 당연하지만 가끔은 자신의 잘못인데도 그러지 않았는지 되돌아볼 일이다.

반대로 '잘되면 다 내 덕분'이라고 여기다 보니 웬만해선 상대방이나 함께한 다른 사람들에게 감사해하지 않는다. 오래전 "열심히 일한 당신, 떠나라!"라는 어느 신용카드 회사의 광고가 히트한 적이 있었다. 성공이나 성취에 대한 자부심을 고취시켜주었던 광고였다. 그런데 한 가지 더한다면, 떠날 땐 떠나더라도 열심히 같이 해준 주변 사람들에게도 감사하는 마음은 갖고 가는 것을 어떨까.

프로야구나 축구 시즌이 끝나고 우승팀이 가려지면, 다음 날 신문에는 어김없이 1년 동안 지켜봐준 팬들에게 감사의 마음을 전하는 광고가 실린다. 선거 결과가 나오면 다음 날 승자와 패자 모두 감사의 현수막을 내건다. 자신의 성취를 먼저 생각해 자랑스러워하기보다, 또는 실패의 아픔을 견디기 힘들 텐데도 상대방에 대한 감사를 먼저 전하는 일은 박수칠 만하다.

그런데 문제는 늘 일회성에 그친다는 점이다. 기업이라면 모든 것이 잘 될수록 고객들의 사랑과 성원 덕분이라고 감사하고 어떻게 보답해야 할지를 고민하는 기업문화를 갖고 있는지, 한번 곰곰이 생각해보자. 물론 소비자들도 마찬가지다. 좋은 제품과 서비스를 이용하면서 그저 내가 돈을 지불했으니 당연하다는 생각이 전부는 아니다. 기업과 제품은 우리의 생활을 돕고 즐겁게 해주며 또한 발전시키는 든든한 조력자다. 이들에게 감사하는 마음은 기업에게 또 다른 원동력이 되어 다시 우리에게 되돌아올 것이 분명하다.

🎁 기업, EQ를 키워라

2018년 아카데미 남우주연상의 영광은 제2차 세계대전을 배경으로 한 영화 〈다키스트 아워Darkest Hour〉에서 영국수상 윈스턴 처칠 역을 맡았던 게리 올드만Gary Oldman이 차지했다. 그런데 사실 이 영화를 잘 이해하려면 영화의 배경이 되는 덩케르크 철수작전을 밀도 있게 다루었던 크리스토퍼 놀란Christopher Nolan 감독의 〈덩케르크Dunkirk〉라는 영화를 먼저 봐야 한다. 우연히 접했던 이 영화는 모든 면에서 너무나 훌륭했는데, 유독 한 장면이 기억에 남는다.

영화에서 소년 피터는 아버지, 그리고 친구 조지와 함께 덩케르크 해안에 갇힌 연합군들을 영국으로 철수시키기 위한 구출작전에 자발적으로 나선다. 그런데 배를 몰고 군인들을 구해주는 과정에서 그만 자신들이 구해주었던 한 군인의 실수로 인해 조지가 죽음을 맞는다. 하지만 조지가 그저 가벼운 부상인줄로만 알고 있던 군인은 배를 떠나면서 피터에게 조지의 상태를 묻는다. 그 순간 너무나 뜻밖에도 피터는 조지의 죽음에 대해 전혀 내색하지 않았고 전쟁터에서 지쳐 있던 군인을 조용히 떠나보낸다. 친한 친구를 잃었음에도 상대방의 처지를 고려했던 피터의 행동과 그런 아들을 지지한다는 아버지의 눈빛이 무척 인상적이었다.

심리학자 다니엘 골먼Daniel Goleman은 IQ와 비견되는 EQ라는 개념을 소개하면서 자신과 상대방의 감정을 읽고, 자신의 감정을 통제할 수 있는 능력을 의미하는 EQ의 중요성을 강조했다. 감정의 눈으로 소비자를 보자면 기업과 브랜드에게 이러한 EQ야말로 절실히 필요해 보인다. 다른 말로 표현한다면 소비자의 입장을 이해하고 그 마음을 잘 헤아릴 수 있는 기업과 브랜드의 공감능력이 필요하다.

공감empathy은 상대방의 입장이 되어 그 사람의 상황을 알아차리고 이해하는 인지적인 능력이다.[35] 물론 공감은 다른 사람이 느끼는 감정을 대리한다는 점에서 감정 그 자체로 볼 수도 있다.[36] 누군가 기뻐하면 나도 함께 기쁘고, 반대로 슬퍼하면 같이 슬퍼지는 일종의 감정의 전염처럼 말이다. 코미디 영화나 멜로 영화가 인기 있는 이유는 영화를 보는 동안만큼은 한껏 즐겁거나 반대로 비련의 주인공이 되어 흠뻑 슬픔에 빠져보길 원하기 때문일지 모른다.

만화 〈미스터 초밥왕〉은 주인공 쇼타가 역경을 이겨내며 훌륭한 초밥 요리사로 성장해가는 내용을 다루고 있다. 틈날 때마다 다시 꺼내 읽곤 하는데, 그때마다 초밥을 먹는 손님들의 입장과 마음을 헤아릴 줄 아는 주인공에게서 인생의 한 수를 배운다. 멋진 초밥과 성공은 주인공 쇼타의 공감능력이 가져다준 자연스러운 결과다.

전문가들은 앞으로 맞춤형 기술의 발전으로 인해 소비자들의 상황을 잘 이해하고 대처하는 브랜드의 기술적인 공감능력(맞춤)이 더욱 커질 것이라고 예상한다. 거기까지 가진 못하더라도 "내가 너의 마음을 다 이해해!"라며 슬쩍 다가오는 광고 한 편에도 마음이 무장 해제되는 것이 바로 소비자다.

공감의 핵심은 역지사지易地思之다. 그래야 서로에게 도움이 될 수 있다. 감정 경험이 중요한 것도 따지고 보면 서로에게 도움을 주기 위해서 아니겠는가? 기업과 종업원, 그리고 소비자들은 서로의 감정을 이해하고 공감하면서 동반자라는 이름으로 한 걸음 더 나아가야 할 것이다.

슬픔, 두려움, 질투, 후회, 죄책감 등은 부정 감정들이다. 그러나 이를 이겨내고 극복함으로써 더 나은 선택을 도와준다는 점에서 나쁘다고만은 할 수 없다. 소비자들은 이렇게 소비를 통해 감정을 극복하고 있다. 기업은 이런 소비자들을 적극적으로 도와주어야만 한다. 감정을 힐링하는 마케팅이 필요한 이유다.

3장

감정은 극복이다:
나쁜 감정은 없다

상실의 시대: 슬픔과 두려움

🎁 슬픔과 소비

I like crying. It helps me slow down and obsess over the weight's of the life's problem.

난 우는 게 좋아. 울고 나면 사로잡혀 있던 삶의 고민들로부터 벗어날 수 있거든.

영화 〈인사이드 아웃〉에서 슬픔이가 했던 말이 위로가 되는 것은 그만큼 우리에게 슬픔이 익숙하기 때문이다. 슬픔은 소비에서도 독특한 힘을 발휘한다.

> 슬플 때 쇼핑을 더 오래 한다.
> 슬플 때 쇼핑하면 돈을 더 쓴다.
> 슬플 때 평소보다 더 맛있는 음식을 찾는다.

한번쯤은 '나도 그런데!' 하며 공감되지 않는가? 사람들은 누군가와 이별했거나, 현재 하는 일이 잘 풀리지 않을 때, 아끼던 물건이 고장 났거나 물건을 잃어버렸을 때 등 이런저런 이유로 상실감을 느끼고 슬퍼한다. 그래서 상황을 변화시키거나 벗어나기 위해 무언가를 찾게 된다. 슬픔이처럼 한바탕 울기도 하고, 소비를 통해 슬픔을 해결하려고도 한다. 쇼핑을 하며 물건을 사고 돈을 쓴다거나, 쾌락적인 상품을 찾는다거나, 마음에 위안이 되는 음식(물론 건강에는 해롭지만)을 찾기도 한다.[1] 잘못하면 불필요한 과소비가 될 수도 있지만, 어찌 되었든 소비를 통해서나마 슬픔을 벗어나보려는 일종의 자구책인 셈이다. 소비를 통해 슬픔을 해결하는 모습을 두고 '고통 아닌 고통효과misery is not miserly effect'라고 부른다.[2]

그런데 슬플 때 쇼핑하며 돈을 쓰고, 흥거운 콘서트에 가서 한바탕 놀아보고, 또 아이스크림이나 초콜릿처럼 달달한 음식을 먹고 나면 정말 가슴에 남아 있던 슬픔이 줄어들거나 사라질까? 슬픔 연구자들은 사실 별로 그렇지 않다고 말하면서도, 슬픔을 줄이는 데 도움이 될 만한 몇 가지 힌트를 제시한다.

우선 스스로 선택하는 기회를 놓치면 안 된다. 슬픔은 상실감에서 온 것이다. 슬픈 감정에서 소비할 때, 스스로 선택해서 제품을 구입하는 경우가 그냥 주어진 것을 구입한 경우보다 슬픔이 줄어들었다.[3] 선물을 받는 경우에도 그냥 받는 것보다는 대안을 갖고 골랐을 때 슬픔이 더 줄었다.[4] 구매한 물건이나 음식 때문에 슬픔이 사라지는 것은 아니다. 슬픔의 원인을 바로 보고 근본적인 상실감을 해결하는 것이야말로 진짜 치유의 방법이겠지만, 소비에서라도 스스로 자율적인 선택을 하며 잃었던 상실감을 회복하는 것이 슬픔의 치유에 효과적인 셈이다.

이런 의미에서 본다면 슬플 때 쇼핑하는 것은 좋지만, 누군가 그냥 권하는 제품보다는 본인이 찬찬히 둘러보고 선택한 제품을 구입하는 것이 현명한 자세다. 할인이나 경품과 같은 부수적인 것들에 혹해서 지갑을 여는 것은 좋지 않다. 충동구매는 더욱 안 될 일이다. 수동적인 소비는 슬픔을 줄이는 데 별로 효과적이지 않기 때문이다. 그저 돈만 쓴 결과가 되기 쉽다. 슬픔에 빠진 친구를 위로하고 싶다면, 이왕이면 함께 쇼핑에 나서 선물을 하되 친구에게 직접 고를 기회를 주자. 특히 비싼 제품을 구입한다거나 가격을 흥정할 때는 더 신경 써야 한다. 슬플 때 소비자들은 가격에 둔감해지기 때문이다.[5]

또 하나의 방법은 돈을 쓰되 기부처럼 타인을 위한 이타적인 소비에 관심을 기울이는 것이다. 슬픔은 타인을 돕고자 하는 행동을 이끄는 힘이 있다. 사람들은 슬픈 얼굴 표정에서 상대방에 대한 연민을 느끼며 돕고자 하는 이타적인 생각과 행동이 커질 수 있다.[6] 개인적인 슬픔은 상실감을 가져오기도 하지만 사람들을 자기중심적으로 생각하고 행동하게 만들기도 한다.7 이럴 때 오히려 나의 슬픔보다 타인의 슬픔을 한번 바라보는 것은 어떨까? 그 자체만으로도 '나만 슬픈 것이 아니다'라는 위로가 될 수 있고, 나를 위한 소비보다는 기부를 통해 누군가를 돕는다는 기쁨도 클 것이다.

💝 두려움과 희망은 동전의 양면이다

두려움fear은 위험지각에서 오는 심리적인 불편함이다. 걱정, 불안, 공포처럼 각성의 정도나 시점에 따라 이름을 달리할 수 있지만 모두 두려움의 감정이다.

2018년 수능시험이 무척 어려웠다고 한다. 그런데 시험의 난이도나 점수에 상관없이 합격 결과를 예측하는 일은 언제나 힘들다. 시험을 잘 치른 경우에도 합격할 것 같다는 희망과 함께 혹시 떨어지면 어쩌지 하는 두려움도 찾아오기 마련이다. 감정의 이유 찾기에서 보면, 두려움과 희망은 한 가지 공통점이 있다. 바로 결과가 불확실할 때 느끼는 감정이라는 것이다.

두려움과 희망은 동전의 양면과 같다. 불확실하다는 점에서 앞면을 보면 두려움이지만 뒷면에는 희망이 있을 수 있다. 그렇다면 두려움보다는 희망을 갖는 편이 한결 나아 보인다. 확실하지도 않은데 미리 두려워할 필요는 없지 않은가. 이런 의미에서 현대자동차의 '기프트카 캠페인'은 좋은 시도였다. 청년창업을 응원하는 희망의 메시지가 불확

실한 미래를 두려워하는 젊은이들에게 생산적이기 때문이다. 삼성생명의 '생명의 다리' 캠페인도 좋았다. 다리 난간에 따뜻한 불빛과 함께 "별일 없지?", "밥은 먹었어?", "내일은 해가 뜬다"와 같은 따뜻하고 희망적인 메시지를 보여줌으로써, 그 어떤 방법이나 장치보다 자살시도를 막을 수 있었다. 불확실한 시대에 우리에게 필요한 것은 두려움보다는 역시 희망이다.

의외로 많은 감정들이 결과의 가능성에서 보자면 반반인 경우가 많다. 누군가를 좋아하는 감정은 상대방에 대한 확신이 있을 때도 있지만, 긴가민가한 경우도 있다. 이럴 경우 일단 확실하다고 생각하고 좋아해보는 것은 어떨까. 망설이다가 좋은 사람을, 마음에 드는 제품을 영영 놓치게 될지 모른다. 반대로 누군가에게 화가 난다면 오히려 불확실했다는 점을 되새기자. 아마 화를 많이 줄일 수 있을 것이다.

🎁 두려움: 우리에겐 예방목표도 있다

두려움의 긍정적인 효과도 있다. 사람들은 본능적으로 무언가에 다가서고 싶어 하지만 또 피하고 싶어 하는 경우도 많다. 예쁜 꽃을 보면 다가가서 향기를 맡아보지만 무서운 것을 보면 피한다. 맛집 소개 프로그램에서 본 식당은 언젠가 꼭 한번 찾아가보고 싶지만 치과병원 앞에서는 언제나 발길을 되돌리고 싶어진다. 감정도 마찬가지다. 다가서고 싶을 때의 감정이 있다면 피하고 싶을 때의 감정도 있다. 두려움은 바로 피하고 싶을 때의 감정이다.

햇빛이 강한 여름철 자외선을 차단해주는 선크림 광고는 보통 2가지 관점에서 만들어볼 수 있다. 우선 아름다운 피부를 보여주면서 이 화장품을 쓰면 그렇게 아름다워진다는 기쁨을 강조할 수도 있고, 반대로 햇볕에 상한 피부를 보여주면서 이 화장품을 쓰지 않으면 이렇게 피부가 상한다는 두려움을 자극할 수도 있다. 한마디로 아름다운 피부에 다가갈 것인가 아니면 햇볕에 피부가 상하는 것을 피할 것인가의 선택이다. 달성하고 싶은 향상목표promotion goals를 세울 것인가, 안 좋은 결과를 피하기 위한 예방목표prevention goals를 세울 것인가의 문제와 같다.[8] 물론 사람들마다 목표성향self-regulatory focus[9]에는 차이가 있어서 누군가에게는 아름다운 피부를 보여주는 향상목표 광고가 효과적이지만, 또 다른 누군가에게는 상한 피부를 보여주며 예방목표를 강조하는 광고가 더 효과적이다.

요즘 들어 흡연의 폐해를 강조하는 금연광고를 자주 접하게 된다.

이전의 광고에 비해 마치 한 편의 공포영화를 보는 것처럼 무섭기까지 하다. 담뱃갑에 부착된 사진들도 섬뜩하다. 흡연하는 사람들에게 부정적인 결과를 강하게 보여주어 예방목표를 작동시키고 두려움을 느끼게 하려는 의도가 분명하다. 흡연으로 인한 질병의 두려움은 정말 피하고 싶은 감정이기 때문이다.

음주운전, 환경파괴, 인터넷에서의 무분별한 댓글 공격 등 생각해보면 우리 주변에는 예방해야 할 문제들이 무척이나 많다. 이들 문제들을 조금이나마 줄이는 것에는 두려움이 약이다. 이처럼 두려움은 안 좋은 일들을 예방해주는 효과도 분명 있다.

부러움의 시대: 질투

 질투는 나의 힘: 질투효과

    질투envy는 다른 사람들에는 있지만 나는 갖지 못한 데서 오는 감정이다. 성취, 재능, 물건, 갖고 싶지만 나에게는 없는 무엇이라도 질투를 유발할 수 있다. 질투는 다른 사람들과의 비교에서 나를 좌절시킨다는 점에서 확실히 부정 감정이다.[10] 다른 사람의 성취에 좌절감이 들지 않았다면 그건 질투가 아니라 존경이다. 김연아 선수, 이국종 교수처럼 노력으로 한길을 달려 이룬 성취에 대해 우리는 존경을 보내지, 질투하지 않는다.

질투가 비교 때문이라는 점에서 행복에 방해가 될 수도 있다. 내가 가진 것이 부족하게 느껴져서 물질적으로 더 소유하려는 마음도 들게 할 것이고, 과시욕도 부추길 것이다. 그런데 이런 질투에도 분명히 긍정의 힘이 들어 있다. 질투는 차이를 줄이려는 열망이기 때문이다.[11]

"부러우면 지는 거야."

그래서 이 말은 반은 맞고 반은 틀렸다. 질투에 사로잡혀 포기하거나, 그냥 좌절하거나, 상대방을 공격하는 안 좋은 모습을 보인다면 지는 것이다. 하지만 질투 덕분에 누군가와의 차이를 줄여보려는 의지가 발동한다면 이기는 것이 될 수도 있다.

기업과 브랜드도 마찬가지다. 후발주자들 가운데는 잘나가는 브랜드를 질투해 베끼거나 가격으로 공격하는 '모방me-too 제품'들이 많지만, 출발이 늦었거나 경쟁사에 뒤쳐졌어도 좌절을 털어내고 선두를 따라잡으려는 '빠른 2등fast-second'들도 있다.[12] 이들에게는 상대와의 비교를 통해 내가 어떤 점이 부족했는지를 알 수 있었다는 점에서 비교가 꼭 나쁜 것만이 아니다. 아이폰에 대한 질투가 없었다면 갤럭시도 없었다. 말 그대로 '질투는 나의 힘'이다.[13]

🎁 착한 질투 vs. 나쁜 질투

질투에도 착한 질투benign envy와 나쁜 질투malicious envy가 있다.[14] 착한 질투는 다른 사람의 성공이나 가진 것에 좌절하지만 그래도 자신을 발전시키는 동기를 자극한다. 내가 노력해서 질투 대상과의 차이를 줄여보겠다는 의지를 발동시킨다. 반면 나쁜 질투는 상대방을 끌어내려 자신과의 차이를 줄이려고 한다. 부자를 두고 자수성가한 사람이라고 말하기도 하지만 졸부라고 말하기도 한다. 전부는 아니지만 졸부라는 단어에는 상대방이 가진 것을 끌어내리려는 나쁜 질투가 들어있다. 금수저 논쟁도 따지고 보면 나쁜 질투와 관계가 있다.

그렇다면 착한 질투와 나쁜 질투의 차이는 어디에서 올까? 상대방이 가진 것을 공정하다고 인정하는가에 달려 있다. 자수성가는 인정하지만 졸부는 인정하지 못하는 것이다. 물론 남의 성공이나 가진 것을 무턱대고 폄하하려는 일은 없어야 한다. 취업 불공정과 같은 말들이 많은 요즘, 우리 사회에 공정성이 회복되는 것도 착한 질투를 위해 꼭 필요해 보인다. 나쁜 질투보다는 착한 질투가 발전의 동력이니 말이다.

질투의 상반된 두 얼굴은 일상의 소비에서도 흥미로운 차이를 이끌어 낸다. 닮고 싶은 사람이 있다면 그 사람의 삶을 따라 하거나 같은 경험을 해보기 위해서라도 같은 제품을 사고 싶어진다. 내가 서툰 퍼팅에 강한 골프선수의 골프채를 따라 구매한다거나, 공부 잘하는 친구가 풀고 있는 학습지를 구입하는 것처럼 착한 질투는 같은 제품을 찾게 만드는 힘이 있다. 질투가 가져다주는 프리미엄envy premium 효과다.[15] 착한 질투는 시장을 활성화시키고 브랜드와 소비자들에게는 자부심이라는 명성과 만족을 안겨줄 것이다. 반대로 나쁜 질투는 오히려 그 사람이 사용하는 것과 다른 것을 찾게 만든다. 아마도 그 사람이 가진 제품을 깎아내려야 마음이 풀리기 때문인 것 같다. 나쁜 질투는 이유 없이 더 비싼 것만 찾게 되는 과시소비의 주범이 되어 오히려 삶의 만족을 떨어트릴 수 있다.[16]

요즘 인스타그램에는 운동으로 다져진 건강한 몸의 주인공들이 올리는 셀피selfie가 많다. 그런데 그런 사진들에 달리는 댓글들을 가만히 보고 있자면 같은 부러움(질투)인데도, 글마다 착한 기운이 또는 나쁜 기운이 느껴지는 것은 제각각이다. 자신은 착한 질투가 많은 소비자인지 나쁜 질투가 많은 소비자인지 생각해보자.

🎁 질투와 마케팅

기업은 소비자들의 질투를 어떻게 활용하고 대응해야 할까?

우선 착한 질투의 대상을 자주 등장시켜야 한다. 소비자들은 주변의 친구나 자신과 비슷한 사람들에게서 질투심을 느낀다. 준거집단을 잘 활용하는 것이 중요한 이유다. 이 경우 대체로 착한 질투이므로 제품이나 브랜드를 따라 구입하게 하는 질투 프리미엄 효과를 얻을 수 있다. '친구 따라 강남 간다'는 '밴드왜건 효과bandwagon effect'는 브랜드에 대한 착한 질투와 다르지 않다.

희소성을 강조하는 것도 질투 유발에 효과가 있다. 럭셔리 브랜드들은 사회적으로 성공을 거둔 사람들이 소유하는 제품임을 암시하면서 소비자들의 질투를 유발한다. 일부러 구입을 어렵게 하거나 판매하는 장소에서 희소성을 부각시킨다. 스트리트 패션 브랜드로 유명한 슈프림Supreme은 제품의 희소성을 높이는 한정판 마케팅으로 유명하다. 매주 목요일 오전에 규칙적으로 신제품을 출시하지만 매우 소량이다. 한번 출시된 제품은 아무리 인기가 있어도 다시 내놓지 않는다. 제품을 구입할 수 있는 매장도 4개 국가로만 한정 지었다. 미국 내 매장도 단 두 도시뿐이다. 슈프림은 제품을 사고 싶은 고객들을 언제나 기다리게 만든다. 나와 비슷한 사람들이 어렵게 슈프림을 갖는 순간, 그들은 질투의 대상이 되고 나 역시 꼭 갖고 싶어지는 것이다.

물론 희소성 전략은 세심한 주의가 필요하다. 지나치게 비싼 가격이나 제한이 불필요하다고 여겨질 때, 질투보다는 오만하거나 탐욕스러운 기업으로 비춰지기 쉽다.[17] 소비자들이 어떤 순간 어떤 질투를 경험하는지 세세하게 이해하고 대응하는 것도 중요하다. 최근 한 연구는 서비스에서 소비자들이 느낀 질투 유발 순간들을 다음과 같이 유형화해서 보여준다.[18] 보통 경험할 수 있는 일들로 보이지만 기업들이 생각해볼 여지가 많아 보인다.

세일행사에서 하나 남은 것을 사려는 순간 다른 사람이 사간다(그 사람 운이 좋네).

다른 사람에게 친절하던 종업원이 나한테만 쌀쌀맞게 대한다(그 사람만 좋아해).

비행기에서 내 앞에 앉은 사람이 1등석 승객과 자리를 바꾼다(공짜네).

나중에 나타난 항공사 멤버십 고객이 나보다 먼저 체크인 한다(마일리지 차이네).

음식점에서 옆 테이블 사람이 친구들에게 한턱 쏜다(난 여유가 없네).

서비스에서 종업원의 역할도 질투 관리에 중요하다. 종업원들도 사람인지라 모든 고객들에게 똑같이 말하고 웃고 대응할 수는 없을 것이다. 그렇지만 눈에 띄는 차별 대우 때문에 이유 없이 고객이 못난 소비자로 느껴지게 만드는 일은 없어야 한다. 이런 문제로 인해 다른 고객들을 질투하는 것은 종업원이나 기업에게 느끼는 화와 분노로 이어진다. 특정 고객에게 선의로 제공되는 혜택도 받지 못하는 다른 고객들의 입장에서 생각해봐야 한다. 이것들이 불공정하다고 여겨진다면 그것조차 나쁜 질투의 대상이 될지도 모른다.

고객충성도 프로그램을 설계하는 과정에서도 질투를 잘 활용하면 좋다. 우수고객을 나누는 단계와 그에 따른 혜택의 차이가 질투를 유발할 만큼 확실하고 가시적인 것이 좋다. 항공기를 탑승할 때 먼저 탑승하는 우수고객들을 보면 언제나 질투가 생긴다. 그렇다고 내가 노력해서 따라갈 기회가 있어야지, 무턱대고 차이만 주어진다면 공정하지 않다고 생각하기 쉽다. 오히려 나쁜 질투심만 생길 것이다.

백화점을 예로 들어보자. 백화점의 VIP 고객 선정 기준을 보면 보통의 소비자들은 감당하기 어렵다. 이럴 경우 VIP 고객들은 '금수저들이구나' 하는 생각에 나쁜 질투의 대상이 될 수 있다. 꼭 연간 사용금액이 아니더라도 고객을 구분하는 다른 방법도 있다는 점을 눈여겨보자. 주로 이용하는 매장 층별 등급이나(상품군과 관련이 있다) 전년도에 비해 방문하고 구입한 성장세와 같은 기준으로 우수고객을 나누어보는 것은 어떨까?

마지막으로 다양한 경품이나 행사를 포함하는 판매 촉진에서도 질투는 소비자들의 참여에 결정적인 이유가 된다. 큰 행운을 받는 사람을 보면서 '나도 한번 해볼까'라는 생각에 참여할 수 있다. 반대로 질투심을 유발하지 못하는 그저 그런 프로그램들은 효과가 떨어진다. 물론 모든 것들이 공정하게 진행되면서 착한 질투를 유발할 때 가능한 일이다.

선택의 시대: 후회

🎁 해도 후회 안 해도 후회라면

우리는 평소 어떤 감정을 가장 자주 경험할까? 사랑, 화, 슬픔, 두려움 등 많은 감정들이 있겠지만 개인적으로 후회를 빼놓을 수 없다. "오늘 점심 뭐 먹지?" 별거 아닌 일이지만 막상 선택하려면 고르기 전에도, 또 고른 이후에도 다른 메뉴가 아른거려서 후회한 적이 있을 것이다.

후회regret란 내가 선택한 대안이 (고려했지만) 선택하지 않은 대안에 비해 못한 결과를 가져다줄 때 드는 부정 감정이다. 의사결정에서 다

른 선택지와 비교하면서 스스로를 책망하게 되는, 그래서 피하고 싶은 감정인 것이다.[19]

문제는 우리의 일상이 크건 작건 의사결정의 연속이라는 점이다. 또한 이미 벌어진 일에 대해서만 후회한다고 생각할 수 있지만, 의외로 있을지 모를 더 좋은 선택을 떠올리다 보면[20] 결정하기 전에도 후회를 하고 또 주저하게 된다. 자연스럽게 소비에서도 후회는 늘 따라다닌다. 마음에 들어서 샀더니 더 좋고 저렴한 물건이 보이고, 막상 사려고 보면 쓰던 브랜드를 계속 살지 아니면 다른 브랜드로 바꿀지 고민이 된다. 그놈의 결정장애라는 것도 따지고 보면 후회 때문이다.

해도 후회, 안 해도 후회인 경우가 많다는 것이 우리의 결정을 더 힘들게 한다. 물론 이럴 때 주변 사람들은 인생의 경험을 통해서 "안 하고 후회하는 것보다는 해보고 후회하는 것이 더 낫다"라는 말로 충고를 건넨다. 후회에 관한 연구들 역시 우리들에게 행동하는 편을 선택하라고 말한다.

물론 행동을 하고 나서 결과가 좋지 않다면 '괜히 그랬어!'라며 하지 않았을 경우보다 당장은 더 크게 후회할 수 있다.[21] 그러나 일단 행동한 것에 대한 후회는 시간이 지남에 따라 점차 줄어드는 반면, 행동하지 않은 것에 대한 후회는 더 커진다는 사실을 명심하자.[22]

왜 이런 일이 일어나는 것일까? 사람들은 하고나서 후회가 남는 행동에 대해서는 최대한 만회하기 위해 적극적으로 노력을 기울이게 된다. 만약 현재 선택한 전공이 적성에 맞지 않아 후회한다면 과거의 잘못된 선택에 따른 후회를 해소하려고 노력할 것이다. 반면 하지 않은 것에 대한 후회는 계속해서 '왜 하지 않았을까?'라고 자책하기 때문에 시간이 지날수록 후회가 더 커지게 된다. 짝사랑하는 상대에게 고백하지 못한 사람들의 후회가 오히려 고백해서 후회한 사람보다 클 수도 있다. 하지 못한 행동은 미련이라는 이름으로 우리 기억에 더 오래 남아 있기 때문이다.

🎁 후회를 줄이는 선택과 소비

소비 행동에서 후회에 대처하는 방안은 가능한 어떻게 하면 사전에 후회를 줄일 수 있을까에 집중하는 것이다.[23] 먼저 구매 결정을 내리기 힘들 때는 조언을 받아보는 것이 효과적이다. 주변 사람들의 의견을 구하거나 추천에 따라보자. 온라인 경매에 참여한 사람들이 긍정적인 추천메시지를 접하면 경매 참여의사와 가격이 올라간다고 한다. 재미있는 사실은 긍정적인 추천대상에 대해서 사람들이 심리적인 '소유효과endowment effect'를 갖는다는 점이다. 결국 놓치면 후회할 것 같다는 마음이 작동하며 참여의사와 가격을 높였다는 것이다.[24] 사람들이 추천한 상품을 못 사고 혹시 다른 사람이 사면 어쩌나 하는 손실회피 성향이 작동하면서 추천 상품의 가치를 더 높게 평가하게 된다.

결국 추천은 안 사면 후회할 것 같아서 빨리 사게 만든다는 점에서 결정을 돕는다. 추천을 통해서 예상되는 후회를 줄여보는 것도 결정장애를 극복하는 지혜가 된다. 인플루언서, 파워블로거, 덕후 등 불리는 이름은 다양하지만 특정 상품이나 시장에 대한 전문가market maven 들의 의견을 따르거나, 빅데이터에 기반을 두고 추천하는 큐레이션(맞춤)서비스를 활용한다면 구매하고 나서의 후회까지도 많이 해소할 수 있을 것이다.

가능하다면 천천히 시간을 갖고 결정하는 것도 후회를 줄일 수 있는 좋은 방법이다. 단, 시간을 갖는다고 지나치게 많은 대안들을 살펴보는 것은 오히려 혼란스러워져서 후회만 키울 수 있으니 주의하자. 쇼핑하면서 신중하게 결정한다고 쇼핑몰의 모든 상품들을 둘러보는 것도 결정을 못하게 하는 또 다른 이유가 될 뿐이다.

결정하기 힘들다면 좋은 것(정말 사고 싶은 것)과 나쁜 것(정말 사기 싫은 것)의 중간 지점에서 타협하는 것도 후회를 피할 수 있는 방법이다. 평균적인 선택을 하는 것으로, 자동차를 살 때 자꾸 옵션을 추가하거나 빼면서 고민하는 것보다는 차라리 기본 옵션을 선택하는 것이 후회가 가장 덜할 수도 있다. 가끔 중간 지점의 가격으로 승부하면서 뜻밖의 성공을 거두는 제품들도 있다.

되돌릴 수 있는 선택만큼 후회에 대한 가장 안전한 장치는 없다. 그래서 홈쇼핑의 자유로운 반품정책은 그야말로 환상적이다. 비록 쉬운 반품이 충동구매를 자극하기는 하지만, 그래도 구매하기 전과 후의 많은 후회들로부터 소비자들을 해방시켜주었다.

이런 방법으로도 후회를 줄이거나 결정하기 힘들다면, 정말 후회를 줄이고 싶다면, 제품의 특징이나 장단점보다는 그것을 왜 구입해야 하는지 목적에 집중할 필요가 있다.[25] 결국 어떤 선택에도 후회는 남는

법이다. 가끔은 나무보다 한발 떨어져 숲을 보는 시혜가 필요하다.

🎁 후회가 문제는 아니다

영화 〈박하사탕〉의 주인공 영호는 자신이 걸어온 인생에 대해 후회하며 철길에 서서 "나 다시 돌아갈래!"라고 절규한다. 영화 속 주인공의 외침처럼, 누구나 한번쯤은 크게 되돌리고 싶은 순간이 있을 것이다. 한 연구에 따르면 갓난아이들도 감정을 느끼지만 후회하지 않는 것은 아마 감정문제가 아니라 결정을 내릴 일이 없기 때문이라고 한다. 따라서 결정할 일이 별로 없는 7살 이전 시절로 돌아간다면 모르겠지만,[26] 돌아간 그 시점에서 또 무언가를 결정해야 한다면 결국에는 선택에 따른 또 다른 후회가 따라올 것이다.

잠시 생각을 바꿔보자. 후회는 더 좋은 것을 기대하기 때문에 생기는 감정이다. 사전에 후회를 줄이려는 노력은 중요하지만, 결국 잘못된 결정으로 후회를 하더라도 우리는 그 과정에서 무엇이 잘못되었는가를 배운 셈이다. 연구에 의하면[27] 사람들은 교육, 경력, 연애와 같은 개인의 성취나 인간관계에서 가장 많은 후회를 한다고 한다. 어쩌면 인생의 중요한 고비마다 우리는 잘못된 결정을 하고 또 후회하면서 성장하고 있는 것일지도 모른다. 소비 영역만 보아도 흡연, 과소비, 신용카드 과다 사용에 대한 후회는 오히려 소비에서 많은 것들을 고칠 수 있는 힘이 된다.[28] 당장 지난 주말 불필요한 외식이나 소비에 크게 후회했었다면, 이번 주말에 같은 후회는 하지 말자.

결국 언제나 문제는 후회가 아니라 후회하고도 전혀 나아지지 않고 늘 제자리에 머물러 있는 우리에게 있는 것이 아닐까?

규범의 시대: 죄책감

💝 죄책감과 도덕 감정

도덕과 관련된 상황에서 의사결정은 이성보다 감정이 훨씬 우세하다.[29] 길을 가다 도움이 필요한 사람을 만났거나 운전 중 신호대기에서 정차 중일 때 그냥 지나치거나 신호를 무시하면 마음이 무겁다. 이런 종류의 감정을 도덕 감정moral emotions이라고 하는데, 도덕 감정에는 어떤 행동을 하도록 하는 힘이 있다. 즉 발길을 멈추고 돕거나 신호를 잘 지키도록 하는 것이다 .

죄책감guilty이란 스스로 옳다고 생각하는 가치나 규범을 어겼을 때 느끼는 자의식적인 부정 감정으로, 일상에서뿐 아니라 소비에서도 빈번하게 만날 수 있다. 소비 의사결정에서 자신이 생각하는 기준을 어김으로써 자존감을 낮추게 되는 경우다.[30]

그렇다면 어떤 경우에 소비자들은 죄책감을 느낄까? 지출과 관련된 소비 죄책감이 가장 클 것이다. 비싼 제품을 구입했을 때, 충동구매를 했을 때, 평소보다 많이 쓴 카드 명세서를 받았을 때 느끼는 무거운 마음이 바로 죄책감이다. 꼭 필요한 제품이 아닌 경우라면 이러한 죄책감은 훨씬 커진다.[31]

건강에 대한 죄책감도 많이 느낀다. 술과 담배를 많이 할 때, 건강에 해로운 음식을 먹을 때 내 몸에 대한 미안함에 마음이 무거워진다. TV에서는 아이스크림 광고에 날씬한 모델이 등장해 "마음 푹! 놓고 아이스크림을 즐겨라"라고 소비자들을 유혹한다. 저칼로리 아이스크림이라는 말에 귀가 더욱 솔깃해진다. 가족의 건강을 잘 챙기지 못한다는 생각에서 드는 자책감은 더욱 크다. 특히 아이들을 제대로 챙기지 못하는 것 같은 워킹맘들은 늘 미안한 마음뿐이다.

요즘 들어서는 친환경 소비와 같은 사회적 책임에 대한 죄책감도 늘어났다. 연비와 성능이 좋다고 해서 몇 년 전 새로 구입한 디젤 자동차를 그동안 잘 타고 다녔는데, 요즘 같아서는 왠지 내가 환경 파괴의 주범이 된 것 같아 마음이 편하지 않다. 그래서인지 수입차 시장의 성장을 이끌었던 디젤차의 위세가 예전 같지 않다. 법을 어긴 것도 아닌데, 제대로 처리하지 않은 재활용 쓰레기도 마음이 쓰인다.

이처럼 이유와 크기는 다 달라도 죄책감은 다양한 모습으로 우리 옆에 와 있다. 금전적인 죄책감, 건강에 대한 죄책감이기도 하다. 때로는 도덕적이거나 사회적으로 책임을 다하지 못한 것 같은 죄책감에 우리들의 소비 의사결정은 이래저래 영향을 받고 있다.[32]

🎁 죄책감을 줄이는 소비

죄책감 소비가 보여주는 몇 가지 특징들을 살펴보자. 우선 소비자들이 언제 죄책감을 더 느끼는지에 대한 이해가 필요하다. 소비자들은 자신의 능력보다 비싼 제품을 구입하거나 계획하지 않았던 것을 충동적으로 구입할 때, 꼭 필요한 실용재보다 쾌락재를 구입할 때 죄책감을 더 느낀다고 한다. 이유는 돈을 쓰는 것에 대한 정당성을 얻기 어렵기 때문이다.[33] 이런 경우 '열심히 일했으니 누릴 만하다'라는 정당성의 메시지를 제시해주는 것도 죄책감을 줄이는 데 도움이 된다.

올리브영이 유네스코와 함께 진행하는 '걸스에듀케이션' 캠페인은 에코백, 다이어리 등의 판매수익금을 개발도상국 소녀들의 교육환경을 지원하는 데 기부하고 있다. 소녀들이 처한 열악한 환경에 미안해지던 마음을 조금이나마 덜어낼 기회를 주는 셈이다. 탐스TOMS 슈즈는 맨발로 다녀 질병에 노출되기 쉬운 제3세계 어린이들을 위해 'One for One' 캠페인을 전개했다. 한 켤레를 구입하면 다른 한 켤레를 어린이들에게 기부할 수 있다. 이처럼 소비자들의 구입과 기부를 연계한 코즈 마케팅cause-related marketing은 죄책감을 줄이는 데 효과적으로 사

| 걸스에듀케이션 캠페인 ©올리브영 유튜브

용된다.[34] 소비자들이 죄책감이 드는 제품이나 행동을 피한다는 점을 역으로 활용할 수도 있다. 일반 제품에 비해 비싼 친환경 제품은 오히려 죄책감을 자극해서 가격에 대해 정당성을 확보할 수 있다. 결과적으로 죄책감은 착한 소비를 불러온다.

죄책감으로 여기지 않았던 소비들도 새롭게 들여다보자. 글로벌 시대에 국산품을 이용하자는 애국심 마케팅은 과거보다는 확실히 설득력이 떨어진다. 요즘처럼 경기 불황에 지친 소비자들에게는 애국심에 호소하는 것보다 수입품을 이용하는 것이 국내 일자리를 빼앗는 일이라는 죄책감에 호소하는 편이 와닿을 것이다.

소비자들 스스로도 죄책감을 덜어내기 위해 노력 중이다. 소비자들이 흔히 사용하는 전략 중 하나가 바로 자기계발self-improvement이다.[35] 연구에 따르면 소비자들은 죄책감을 느낄 때 건강 앱이나 접착식

노트와 같이 자기계발과 관련된 제품들을 더 긍정적으로 평가했다. 회사에서도 직원들은 고객의 불만을 사는 행동을 했거나 목표한 업무성과를 달성하지 못했을 때 죄책감을 가질 수 있다. 그런데 죄책감을 느끼는 사람들일수록 다음 일의 성과를 위해 더 노력하는 모습을 보인다고 하니,[36] 법을 어기는 행동이나 남에게 피해를 주는 것이 아니라면 죄책감을 갖는 것이 꼭 나쁘지만은 않은 듯하다.

🎁 은밀한 즐거움: 죄책감, 줄일까 즐길까

소비자들에게 죄책감 없는 소비guilt-free만이 전부일까? 다이어트 중에 참다가 꺼내 먹은 초콜릿이나 라면은 평소보다 유달리 맛있게 느껴진다. 쾌락적인 소비에서 죄책감은 오히려 사람들의 기대감을 상승시켜줌으로써 결과적으로 더 큰 즐거움을 주기 때문이다. 살짝 죄책감은 들지만 오히려 그래서 더 맛있는 은밀한 즐거움, 길티플레저guilty pleasure다.[37]

소비에서 은밀한 즐거움은 다양한 모습으로 나타난다. 음식 소비를 살펴보자. 인터넷 블로그에는 자신만의 은밀한 음식(대개는 건강에 좋지 않은 음식들이다)을 앞에 두고, 건강, 다이어트, 채식주의 등 다양한 이유로 죄책감을 느끼지만 유혹에 넘어간 이야기들이 많다. 재미있는 것은 다들 한 가지씩 이유를 댄다는 것이다. "운동했으니까 이번만 먹자!", "채식 재료를 썼으니까 뭐!" 등 한 가지 좋은 일(선택)을 하고 나면 다음에는 괜찮다며 스스로에게 면죄부를 주는 이러한 행동을 '라이선싱 효과licensing effect'라고 한다.[38]

　은밀한 즐거움은 개인의 취향과 관련이 많다. 즉 영화, 만화, 방송 프로그램 등 다른 사람들과 함께 즐기기보다는 혼자 즐기는 데 적합한 것들이 많다. 작품성이나 대중성보다는 개인 취향이며 B급 정서와도 비슷하다. 이름 그대로 오래돼서 잊혀졌던 P&G의 '올드 스파이스'는 무스타파라는 모델을 내세운 "남자들이여, 남자의 냄새를 풍기자"라는 광고를 통해 되살아났다. 꽃미남이 중심이던 그루밍 스타일의 A급 시장에서 전혀 힘을 못 썼던 브랜드였지만, B급 스타일의 광고를 통해 남성들의 감춰졌던 구매 동기에 불을 지핀 셈이다.[39] 마초적인 강한 남성이 등장한 광고는 재미있지만, 함께 보기에 민망한 부분도 있다. 당연히 TV보다는 유튜브 광고를 통해 선풍적인 인기를 끌었다. 1인 미디어나 SNS 덕분에 은밀한 즐거움을 활용한 커뮤니케이션 전략이 재미를 보는 것 같다.

　은밀한 즐거움은 그 자체로 상품화된다. 화장품 회사에서는 색상이 강렬한 색조 화장품을 '길티플레저 컬렉션'으로 출시한다. 패션 상품들은 평소 소화하기 힘든 디자인에 한번쯤 도전해보라며 소비자들을 유혹한다. 이태원의 어느 식당 이름도 '길티플레저'다. 작은 사치로 표현되는 소비시장은 은밀한 즐거움의 결정판이다. 밥보다 더 비싼 디저트가 가능한 것도 '이런 비싼 디저트를 먹어도 되나' 싶은 죄책감이 들지만 그래서 더 맛있어 보이기 때문이다.

　은밀한 즐거움은 소통 방식에서도 찾아볼 수 있다. 페이스북, 인스타그램은 어떤 면에서는 쌍방향 매체가 아니다. 일빙직으로 들어가서 다른 사람들의 생활을 엿보는 즐거움이 크다. MBC 예능프로그램 〈전지적 참견 시점〉처럼 관찰 예능이 뜨고 있는 것도 몰래 보는 타인의 생활이 주는 은밀한 즐거움 때문이다. 소비를 통해 죄책감을 덜어내는 것도 좋지만, 정도가 심하지 않다면 적당히 받아들이는 것도 일상의 즐거움이 될 수 있다.

감정을 힐링하는 마케팅

 슬픔을 힐링하다: 공감 마케팅

2018년 서점가의 베스트셀러 키워드는 '위로'와 '공감'이었다. 팍팍한 현실에서 따뜻한 말과 위로를 건네는 책들이 인기를 끌었다는데,[40] 소비자들의 슬픔도 위로와 공감이 답이다. 기업들은 진즉 다양한 형태로 위로와 공감 마케팅을 펼쳐왔다. 철마다 바뀌어 걸리는 교보문고의 따뜻한 글귀나 지친 일상을 위로하는 공감형 광고를 만나면 마음은 분명히 좋다.

그러나 슬픈 감정의 소비자들에게 진짜 치유는 원인이 되는 상실감의 회복이다. 취업에 힘든 20대 청춘들에게 어깨를 툭 치며 "힘들지? 힘내!" 하는 광고가 과연 진짜 위로가 될까? 상실감을 제대로 이해하지 못하고 건네는 단순한 위로가 아닌가 싶다.

진짜 소비자들의 상실감을 이해하는 공감 마케팅을 만들기 위해서는 소비자들의 슬픔에 대한 통찰력이 반드시 필요하다. 이런 의미에서 아이와 엄마의 몸에 부착된 캠을 통해 서로 마주보는 일상의 순간을 촬영해 보여준 하기스의 '모멘트 캠' 캠페인은 엄마들의 상실감과 슬픔을 제대로 이해한 것 같다. 힘든 육아에 지쳐 많은 것을 상실했고 그래서 슬펐다고 생각했었는데, 실제 아이 시선을 통해 담긴 캠 속 엄마들은 언제나 활짝 웃고 있었다. 힘든 육아였지만 아이와 함께하는 순간만큼은 늘 기뻤다는 것이다. 물론 캠에 담긴 그 모습을 다시 보며 흘린 엄마들의 눈물과 웃음은 절대로 슬픔이 아니었다.

🎁 두려움을 힐링하다: 안심 마케팅

소비에서 오는 두려움의 본질은 바로 위험지각이다. 요즘처럼 불경기에 소비자들은 비용과 성능위험에 가장 민감하다. 샘플이나 시연, 시승을 통해 구매 전 성능이나 효과를 잘 전달하는 것이 필요하다. 구매 후에도 반품이나 환불정책을 확실하게 제공하는 것이 두려움을 덜어주는 데 효과적이다. 하나 더, 기능적(비용이나 성능) 위험을 덜어줄 때는 감정도 얹어주는 것이 좋다.

2009년 현대자동차는 미국 소비자들을 대상으로 '현대 어슈어런스' 프로그램을 실시해 큰 효과를 보았다. 1년 안에 실직이나 건강상의 문제로 자동차를 유지하기 힘들게 된 고객들의 차를 되사는 내용이었는데, 금융위기에 시달리던 미국 소비자들의 마음까지 헤아리며 호평을 받았다. 현대자동차는 2018년 초 미국 판매의 부진을 벗어나기 위해 '3일 내 전액환불' 프로그램을 다시 꺼냈지만, 마음(감정)이 담기지 않아서인지 과거만 못하다.

고객들에게는 시간도 큰 위험 요인이다. 반품이나 환불정책이 아무리 잘 짜였더라도 진행절차가 까다롭고 복잡하다면, 고객들은 선택하지 않는다. 제품이 고장 날까 봐 걱정하는 것이 아니라 오히려 수리나 반품, 환불받는 데 걸리는 시간이 더 큰 걱정이 되기 때문이다. 철저하게 현장에 권한을 위임하고 절차를 단순하게 제공하는 과감한 정책이 필요하다. 시간을 줄여주는 안심마케팅은 고객들에게 신뢰를 준다. 자연스럽게 다른 안심 정책들도 빛나게 해준다.

식품안전 문제, 화학물질 남용, 환경문제 등이 겹치면서 건강에 대한 위험과 두려움이 어느 때보다도 커진 요즘이다. 무엇보다 파괴력이 커서 제대로 대응하지 못한 기업은 한순간에 위기에 처한다. 제조물 배상에 대한 법적 책임도 강화되었다. 그러나 그 어떤 정책이나 배상보다 고객의 건강을 생각하는 기업의 진정성이야말로 진짜 안심이다.

🎁 질투를 힐링하다: 공정성 마케팅

앞서 나보다 더 가진 상대방을 인정하는가의 여부가 착한 질투와 나쁜 질투를 구분 짓는다고 말했다. 마케팅 ROI Return On Investment나 고객관계관리CRM; Customer Relationship Management처럼 마케팅의 효율성이 강조되다 보니 고객을 세세하게 구분하고 대응하는 노력들이 강화되고 있다. 고객들 간의 질투를 유발하기 쉬운 마케팅 환경으로 바뀌는 것이다. 불공정한 차별이 아니라 공정한 차등이라는 점을 명확히 하고 전달해야만 나쁜 질투를 차단할 수 있다.

이를 위해서는 규칙을 만들고 직원들을 교육시켜야 한다. 공정성의 판단은 얼마를 받았는가도 중요하지만 어떻게 받았는가가 중요하기 때문이다. 일을 처리하는 절차, 고객과 직원 간의 상호작용이 중요하다는 말이다. 아울러 전반적으로 공정한 기업이라는 이미지나 평판 관리에도 힘써야 한다.

착한 질투에는 가격 공정성도 중요하다. 가격에 비해 성능이 좋은 가성비 브랜드나 내 마음을 충족시켜주는 가심비 브랜드가 인기 있는 것도 가격 대비 공정하기 때문이다. 주변 친구들이 갖고 있는 그런 브랜드를 보면 나도 따라 사고 싶어진다. 착한 질투 덕분이다.

🎁 후회를 힐링하다: 큐레이션 마케팅

후회는 선택 대안을 두고 비교하는 데서 오는 부조화 때문이다. 고민하다 선택한 스마트폰의 단점이 자꾸 눈에 거슬리면 꼭 후회가 남는다. 반면 구매를 포기한 브랜드의 장점이 생각나는 것도 문제다. 결국 의식적으로라도 내 선택의 장점(단점)을 크게(작게) 보고 포기한 것의 장점(단점)은 작게(크게) 봐야 마음이 편한데 이게 말처럼 쉽지가 않다.

이젠 소비자들의 자의적인 노력보다 큐레이션 서비스의 도움으로 후회를 줄이는 것이 가능해졌다. 큐레이션Curation 서비스는 데이터 분석을 통해 소비자들에게 맞춤 상품을 추천해주는 것으로, 빅데이터나 인공지능 기술을 활용하면서 이전의 추천 서비스에 비해 맞춤능력이 훨씬 커졌다.

온라인 여성 쇼핑몰들을 모아 제공하는 '지그재그' 앱은 수천만 건의 데이터 분석을 통해 맞춤형 상품과 쇼핑몰을 제안해준다. 콘텐츠 분야에선 '취향을 저격하는' 방향으로 추천 감성기능이 강화되고 있다. 음악서비스 멜론은 날씨나 고객의 위치, 운동종목에 따라 음악을 추천해준다. 맞춤에 배달까지 정기적으로 해주는 구독형 큐레이션 서비스는 단지 추천에 머물지 않고 최종 선택까지 직접 해결해주고 있다.

🎁 죄책감을 힐링하다: 정당성 마케팅

소비 죄책감의 원인은 구입에 대한 정당한 이유를 찾지 못해서 발생한다. 여행이나 화장품과 같은 쾌락재를 소비하는 사람들에게는 제품에 심리적인 혜택을 더해주는 것이 효과적이다.

도브는 '리얼 뷰티 캠페인Real Beauty Campaign'을 통해 여성의 진정한 아름다움에 대한 메시지를 꾸준히 전하고 있다. 다른 회사들이 늘씬하고 아름다운 여성들을 광고 모델로 내세우며 여성들에게 "이렇게 아름다워지고 싶지 않니?"라는 아름다움을 강요할 때, 도브는 아름다움이 무엇인가에 대한 근본적인 질문을 던져왔다. 이 광고 캠페인에서 도브는 몸매가 늘씬한 슈퍼모델 대신 평범한 여성을 광고 모델로 출연시키고 주근깨가 가득한 여성의 얼굴을 클로즈업하면서, "추해 보이는가? 아름다워 보이는가?"라는 광고카피를 붙였다. 비뚤어진 외모지상주의를 비판하는 도브의 광고는 인터넷상에서 언제나 화제가 되었고, 브랜드 이미지를 높이는 긍정적 효과를 거두었다.

가격 할인을 할 때도 가격에만 집중해서는 안 된다. 단지 가격이 싸서 좋을 것이라는 정당성은 '불필요한 것을 사는 것은 아닐까?'라고 생각하는 소비자들의 죄책감을 줄이기엔 약하다. 저녁 반찬을 준비하는 엄마들에게 할인과 더불어 '제철음식 기획'이란 키워드는 눈에 확 들어올 것이다. 가족의 건강을 챙겨줄 수 있을 것 같기 때문이다. 가격에 더해 제품을 매력적으로 보이는 이야기를 함께 제공해야 한다. 소비자들에게 가장 좋은 구입의 정당성은 싼 제품이 아니라 가치 있는 제품이다.

충동구매 소비자들에게는 구매 후에 좋은 경험들을 떠올리게 해보자. 충동구매에 대한 조사 결과를 살펴보니 다수의 소비자가 충동구매 경험이 있었다.[41] 또한 만족하는 소비자들이 적은 것으로 보아 후회하는 경우가 많았다. 그런데 재미있는 것은 '기분이 좋아진다면' 충동구매도 가능하다고 생각한 소비자들이 많았다는 점이다(56%). 구매 시점에서 제품만 강조할 것이 아니라 구매 후 즐거운 사용이나 경험을 상상하게 만들자. 비록 계획에는 없었지만 즐거운 상상은 충동구매에 대한 정당성을 높여줄 것이다.

코즈 마케팅이나 친환경 제품처럼 윤리적인 정당성을 주는 것도 효과적이다. 이럴 때 기업들은 자사가 기부나 환경문제에 진정성 있게 관심을 갖고 시간이나 비용 투자를 많이 한다는 점을 소비자들에게 이해시키는 것이 중요하다. 화장지를 판매해온 유한킴벌리는 '우리 강산 푸르게 푸르게' 캠페인을 오랫동안 지속하면서 친환경적 노력의 진정성을 인정받았다. 소비자들은 기업들의 높은 수고에 감사하며 호혜적인 입장에서라도 더 구입해준다.[42]

사람들은 행복하기를 바라지만 바로 곁의 행복도 쉽게 알아채지 못한다. 소비자도 마찬가지다. 행복을 위해 소비하고 있음에도 다른 사람과 비교하고 더 갖고 싶어하며 오히려 불행하다고 느낀다. 이제부터라도 행복한 돈 쓰기를 실천해보는 것이 어떨까?

일과 생활 모두에서 균형감을 찾는 것도 필요하다. 직원이 행복해야 소비자가 행복하기 때문이다. 물론 직원들도 회사를 나서는 순간 소비자가 된다는 사실도 기억하자.

4장

감정과 라이프:
행복한 소비자

행복의 열쇠

Remember that happiness is a way of travel- not a destination.

행복은 여정이지, 목적지가 아니라는 점을 기억해라.

- 로이 M. 굿맨Roy M. Goodman

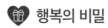 행복의 비밀

2018년 UN세계행복보고서[1]에 따르면 대한민국은 국가별 행복순위에서 57위다. 이런 구체적인 조사 결과까지 굳이 언급하지 않더라도,

'헬조선'과 같은 자조 섞인 단어가 난무하는 요즘 사람들은 분명히 행복해 보이지는 않는다.

대학 시절 버트런드 러셀Bertrand Russell의 『행복론』2을 노트에 직접 번역해가면서 읽었던 적이 있다. 돌이켜보면 꽤나 행복을 이해하고 싶었던(더 정확히는 행복해지고 싶었던) 시절이었나 싶지만, 지금도 행복을 찾고 있기는 매한가지다. 언제나 행복하기를 바라면서도 진짜 행복이 무엇이고 또 어디에 있는지 잘 모르는 것은 어쩌면 우리 모두의 고민이 아닐까 싶다. 행복은 감정일 수도 있고 인지와 감정이 합쳐진 주관적인 안녕subjective wellbeing 정도로 볼 수도 있다.3 그런데 이 둘 모두에서 우리들은 행복을 정확히 바라보지 못하는 경향이 있다. 모두가 바라면서도 자신이 행복한지 정확히 알지 못한다는 점에서 행복은 분명히 비밀스러운 구석이 있다.

일단 행복은 그 안에 여러 가지 다른 좋은 감정들을 거느릴 수 있다. 낙관, 희망, 즐거움, 기쁨, 안도, 짜릿함, 열정과 같은 여러 가지 좋은 감정들이 사실은 모두 행복과 관련이 있다는 말이다.4 혹시 그동안 딱 맞아떨어지는 행복한 감정 찾기에만 몰두하고 있는 건 아닌가? 지금 하고 있는 일에서 희망이 보이거나 혹은 잘될 것 같다는 생각이 든다면, 친구에게서 받은 작은 선물에 기쁘거나 즐겁다면, 걱정하던 일에 안도감이 들거나 열정적으로 하루를 보냈다면 당신은 행복한 사람이다. 일상의 좋은 감정들 하나하나가 모두 행복과 관련 있다는 사실을 놓치지 말자. 어쩌면 바로 옆에 행복을 두고도 알아채지 못할 수 있다.

"당신은 행복하세요?" 주관적인 안녕에 대한 질문을 받으면 대부분의 사람들은 한참 생각하다가 "글쎄"라며 망설이거나 선뜻 행복하다고 대답하지 못한다. 그런데 우리가 기억해내려는 이런 주관적인 행복(안녕)이 과연 정확할까? 그렇지 않다. 행복에 대한 기록을 가지고 있지 않기 때문이다. 막상 행복한가라는 질문을 받게 되면 그때서야 이유를 따져보게 된다. 그러다 보니 대체로 자신들이 처한 일부의 상황에 쉽게 영향을 받는다. 혹시 이런 부정확한 기억에 의존해서 자신이 행복하지 않다고 믿는 것은 아닌지 모르겠다.

사람들은 행복에 대한 기억을 떠올릴 때면 어느 하나에 지나치게 초점을 맞추고 자신이 행복한가를 따져보는 경향이 있다고 한다. 예를 들어 취업 준비생들은 취업만 생각하다 보니 취업하지 못한 자신의 인생이 행복하지 않아 보인다. 그러나 이러한 행복에 대한 초점환상 focusing illusion[5]을 지적한 심리학자 다니엘 카네만Daniel Kahneman은 다음과 같이 조언한다.

"당신은 그것만 생각하고 있겠지만, 사실 인생에서 그 어떤 것도 당신이 생각하는 것만큼 그렇게 중요하지는 않다!"[6]

살면서 "행복하세요?"라는 질문을 받을 때마다 취업을 못해서, 결혼을 못해서, 집 장만하는 데 돈이 부족해서, 승진을 못해서, 아이의 성적이 신통치 않아서 등 행복을 고민하게 만드는 새로운 이유들이 어김없이 등장한다. 물론 그때마다 다시금 이것 때문에, 혹은 이것만 있으면 행복할 것 같다는 착각에 빠지고 만다. 카네만의 말처럼 시간이 지나면 그렇게 중요하지 않은 문제였는데도 말이다.

🎁 비교하지 않기

행복을 옆에 두고도 쉽게 알아채지 못하는 이유는 내가 가진 것을 절대적으로 바라보지 못하고 항상 다른 사람과 비교하기 때문이다.

2018년 대한민국은 비트코인 열풍으로 한바탕 떠들썩했다. 물론 비트코인 덕분에 잠시라도 행복했던 사람들도 있겠지만, 오히려 비트코인 때문에 불행하다고 느꼈던 사람들이 훨씬 많았을 것이다. 비트코인을 잘 몰랐던 많은 사람들은, 매일 기사화되는 누구인지도 모르는 주변의 성공담에 큰 박탈감을 느꼈을 터다. 재빠르게 투자한 사람들 역시 자신보다 조금 더 가져간 사람들의 이야기에 자신이 얻은 수익은 오히려 하찮아 보였을 것이 분명하다.

돈이 많은 부자들은 행복할 것 같은가? 그렇다면 얼마나 돈이 많아야 행복할까? 한 연구에 의하면[7] 돈이나 물건의 소유와 행복의 관계는 절대적인 문제가 아니라 언제나 비교에 의해 결정된다. 제아무리 부자라고 해도 자신보다 더 많이 가진 사람 앞에 서면 행복하지 않다고 느꼈다. 반대로 누군가와 직접 비교되지 않는 한, 가진 것에 따라 행복의 차이는 없었다. 행복의 나라 부탄 사람들의 행복지수가 컸던 것처럼 말이다. 이유는 간단하다. 돈이나 물건은 얼마나 가져야 많은지 절대적인 기준이 없다 보니 항상 다른 사람의 것과 비교하고 평가하는 것이다. 따라서 제아무리 좋은 집에 살고 고급 승용차를 타는 사람도, 더 좋은 집과 고급 승용차를 가진 누군가를 보면 자신의 것이 부족하게 보여 행복할 수 없는 것이다.

얼마 전 술자리에서 나눈 친구의 말이 인상적이었다. 옛날에는 우리 동네에서 누가 부자인지만 알고 살았는데 요즘은 저크버그의 재산이 얼마인지까지 다 알고 사는 세상이니 과연 누가 행복하겠냐는 말이다. 때로는 모르는 게 약일 수 있다는 말이 딱 들어맞는다. 고급 아파트, 값비싼 명품 브랜드, 그 어떤 것들도 누군가의 무엇과 비교하며 마음속에 '조금 더'를 바라는 순간, 자연스럽게 지금 가진 것에 대한 행복을 외면하게 된다. 행복하기 위해서는 어렵지만 비교하지 않고 자신만의 절대 기준을 만드는 일부터 해야 할 것이다.

배가 고프다고 해서 자신의 양을 한껏 채운 후에도 더 먹는 옆 사람을 보고 부러워하지는 않는다. 나와 그 사람의 원래 용량이 다름을 인정할 때 내 기준만 채우는 데 충분히 집중하고 포만감을 느낄 수 있다. 어떻게 비교하지 않느냐고? 힘들다고? 그럼 일단 스마트폰부터 잠시 꺼두자.

🎁 불행하지 않기

사람들은 동기요인motivator과 위생요인hygiene factor에 의해 생각이나 행동에 서로 다른 영향을 받는다고 한다.[8] 동기요인은 마치 칭찬과 같아서 있으면 만족하지만 없다고 크게 불만족하지는 않는 것들이다. 반면 위생요인은 부족하면 불만족스럽지만 반대로 충족된다고 만족에 크게 영향을 미치지 않는다. 당연히 있어야 하는 물과 공기처럼 말이다.

행복에도 이런 것들이 적용되지 않을까? 어떤 경우에는 행복의 반대편에 불행이 놓여 있기보다는 불행과 행복의 출발점이 처음부터 서로 다른 것 같기도 하다. 이런 상황에서는 불행의 원인을 제거한다고 해서 행복해지지 않을 수도 있다.

독특한 음색으로 많은 사람들의 마음을 먹먹하게 했던 가수 자이언티의 〈양화대교〉를 듣다 보면 "행복하자 우리 행복하자 아프지 말고"라는 구절이 나온다. 아프지 않고 건강한 것이 행복의 으뜸조건이라고 다들 말하지만 과연 그럴까? 몸이 아프면 불행하다고 생각하면서도 평소 건강하다는 이유만으로는 행복을 느끼지 못하는 게 우리의 모습이다. 건강은 행복에 있어서 위생요인과도 같다.

요즘 주변을 보면 달리다가도 불이 나는 자동차, 라돈 침대 사태처럼 안전하지 않은 제품 등으로 인한 문제 때문에 걱정하고 상처받는 소비자들이 많다. 마침 공정거래위원회에서 상품안전정보, 피해구제, 그리고 분쟁조정 신청에 대한 내용들을 한곳에 모아 구축한 소비자사이트가 있다고 해서 찾아보니 그 이름이 '행복드림 열린소비자포털'[9]이다. 행복 이전에 먼저 소비자들이 걱정하거나 불행하지 않도록 하는 일은 기업과 사회가 해야 할 당연한 일이다.

행복한 돈 쓰기: 경험소비

🎁 물건보다 경험을 구매하자

고등학교 친구 중에 요즘 발레에 빠져 있는 친구가 있다. 카카오톡 프로필 사진도 발레리나와 발레리노다. 같은 공연을 하루에 2번 본다는 친구의 말에 피식거리면서도 행복하게 사는 것 같아 무척 보기 좋다. 최근 연구들은 소비에서의 행복이 구매 행동에 그냥 따라오는 것이 아니라, 무엇을 구매하고 또 소비하는가에 따라 달라질 수 있다는 점을 강조했다.

지금 내 지갑에 100만 원이 있다고 가정하고 다음 중 하나를 선택해보자.

　- 새로 나온 갤럭시나 아이폰을 구입한다.
　- 제주도로 가족 여행을 떠난다.

　당신은 어떤 선택을 했는가? 이번에는 질문을 좀 바꿔보겠다. 새로 나온 스마트폰을 구입하는 것과 제주도로 가족 여행을 가는 것 중 어느 쪽이 더 큰 행복을 가져다줄까? 아마 제주도 여행을 선택하는 사람들이 많을 것 같다. 물론 연구자들은 한목소리로 물건인 전자보다 경험인 후자를 구매하라고 조언한다.[10] 가구, 옷, 컴퓨터와 같이 당장 소유할 수 있는 물건을 사기보다는 식당에서의 식사, 콘서트 관람, 휴양지 체험과 같이 삶의 경험을 사는 데 돈을 쓰는 것이 더 큰 행복을 가져다준다고 여기기 때문이다. 발레를 즐기고 있다던 친구가 이런 연구결과를 보고 따라 했을 리는 만무하고, 같은 돈을 쓰고도 더 큰 행복을 가져갈 만큼 지혜롭게 나이를 먹고 있다는 사실에 왠지 내가 다 뿌듯해진다.

　물론 물건을 구매하는 행동이 모두 행복과 상관없다고 말하는 것은 아니다. 단지 구매한 물건이 소유(보관)하는 데 그치고 마는지 아니면 경험을 위해 소비될 수 있는지가 중요하다. 작년에 생일선물로 사준 장난감인 '철판 아이스크림' 만들기에 푹 빠져 있는 딸아이에게서 행복의 비결을 한 수 배웠다. 며칠 동안 혼자 끙끙거리면서도, 유튜브를 보며 '캐리 언니'를 따라 아이스크림 만들기를 수차례 반복하더니, 어느

날 내 앞에 제법 그럴듯한 완성작을 내어놓있다. 그러고는 세상을 다 가진 것처럼 의기양양해하며 행복한 미소를 짓는다. 3만 원을 주고 산 장난감 하나 덕분에 아이에게 끈기와 자신감, 그리고 행복까지 가져다 준 것 같아 내가 더 행복해졌다.

아이들이 장난감 선물을 받고 행복해하는 것은 그저 갖고 싶은 물건이 아니라 즐겁게 가지고 놀 것을 기대하기 때문이다. 물론 지금도 아이 방 한구석의 장난감 보관함 안에는, 사고 나서 한 번 가지고 놀다만 장난감들이 수북하게 쌓여 있다. 아이의 행복과는 별 상관없는 물건들이었음에 틀림없다.

지금 집 안 구석구석을 한번 살펴보자. 나의 행복과 전혀 상관없는 물건들이 얼마나 쌓여 있는지를.

🎁 경험소비가 행복한 이유

이쯤에서 궁금해지는 것은 왜 경험소비가 제품소비에 비해서 더 큰 행복을 가져다주는가다.[11]

우선은 쾌락 적응hedonic adaptation의 차이 때문이다. 한때 즐거운 일들도 시간이 지나면 익숙해져 적당히 즐거운 상태로 되돌아가게 된다. 이런 점에서 경험을 소비하는 것이 제품소비에 비해서 한결 자유롭다.

일단 경험소비는 제품소비에 비해 우리 마음속에 좋은 추억으로 자리 잡기 쉽다. 가족과의 즐거웠던 여행을 떠올려보자. 그때마다 우리는 즐거웠던 순간들을 음미하며 얼굴 가득 미소를 짓고 행복해한다. 반면 멋진 고급 승용차는 처음에야 더 짜릿할 수 있지만 곧 시들해지기 쉽다. 살면서 새로 산 자동차보다는 지나온 가족여행에 대해 더 많이 이야기할 것이고, 그때마다 이야기는 변주되어[12] 나의 삶을 더 풍성하게 포장해줄 것이다. 한마디로 제품과 경험을 구매하는 데서 오는 행복의 차이는 구매한 당시에 있기보다는 지금까지 얼마나 더 남아 있는가에서 비롯된다.

2017년 방문연구원 자격으로 가족과 함께 미국에서 잠시 생활을 한 적이 있었다. 여러 좋은 경험들이 많았지만 개인적으로 가장 좋았던 추억을 꼽자면 학교 기숙사형 주택에서의 공동체 생활이었다. 각국의 많은 사람들과 생활하면서 정말 오랫동안 잊고 지냈던 어린 시절의 골목 정서를 느낄 수 있었기 때문이다. 혼자 살아갈 수 없는 세상에서 소비는 주변 사람들과 관계를 맺는 중요한 수단임에 틀림없다. 같은 맥락에서 제품을 구매하는 것보다 경험을 소비하는 것이 훨씬 더 관계 지향적이다.

집에서 혼자 간편식을 배달해서 먹는 것보다 식당에서 친구와 함께 대화를 나누면서 식사하는 것이 훨씬 더 인간적이다. 혼밥, 혼술, 혼자 하는 여행이 유행처럼 번지는 시대라지만, 경험을 소비하는 경우에는 그래도 누군가와 함께하는 일이 훨씬 더 많고 자연스럽다. 행복 연구자인 연세대 서은국 교수는 행복을 구체적인 일상의 한 장면으로 표현한다면 바로 "좋아하는 사람과 음식을 먹는 것"이라고 말한다.

물론 카메라나 자동차와 같이 물건을 구매하고 사용하는 일도 누군가와 함께할 수는 있지만 다분히 제한적이다. 어쩌면 사진 동호회나 자동차 동호회 활동에 열심인 사람들이 많은 것도 단지 제품을 구매하고 소유하는 것이 채워주지 못하는 관계를 맺기 위해서일지도 모른다. 브랜드 커뮤니티로 너무나 유명한 'H.O.G.Harley Owners Group'를 보자. 단순히 같은 할리데이비슨 오토바이를 소유한 사람들의 모임이기보다는 같은 경험을 공유하는 사람들의 모임이라고 할 수 있다.

경험소비가 제품소비에 비해 더 행복한 결정적인 이유가 하나 더 있다. 아파트 지하주차장에 들어서는 순간, 불쌍한 나의 자동차는 영문도 모른 채 내 마음에서 벗어나버린다. 우울하게도 주변에 좋은 차들이 너무 많다. 내가 가진 행복을 똑바로 보지 못하게 하는 것이 타인과의 비교인데, 경험을 소비하는 것은 제품을 소비하는 것에 비해 이러한 비교에서 우리를 한결 자유롭게 해준다. 내가 다녀온 가족여행을 누군가와 비교하지는 않았는지 생각하다가 역시 SNS는 잠시 꺼두는 것이 좋겠다는 생각이 다시 든다.

행복한 돈 쓰기: 소확행 소비

 영화 〈버킷리스트〉의 교훈

친구들과 오랜만에 만나 커피 한잔하는 여유는 분명 행복하다. 그렇다면 세계 최고의 기타리스트이자 가수인 에릭 클랩튼Eric Clapton의 내한공연을 관람하는 것과 카페에 들러 맛있는 커피를 마시며 음악을 감상하는 것 중 어느 편이 더 큰 행복을 가져다줄까? 일생에 한 번 있을 법한 특별한 경험과 일상적이지만 자주 만날 수 있는 소소한 경험 중 어느 쪽이 더 행복할지 문득 궁금해진다.

영화 〈버킷리스트The Bucket List〉는 이와 관련해 흥미로운 관점을 제시한다. 영화에서 연기파 배우 잭 니콜슨Jack Nicholson과 모건 프리 먼Morgan Freeman은 시한부 선고를 받은 암 환자로 등장한다. 이 둘은 죽기 전에 꼭 하고 싶은 일들을 실천하기 위해 특별한 여행(에베레스트 정상 오르기, 스카이다이빙 등)을 떠났고, 버킷리스트에 적은 특별한 경험들을 하나씩 실행에 옮기면서 큰 즐거움을 느낀다. 그러나 이 영화는 우리가 잊고 있는 버킷리스트의 마지막 한 줄을 강조하며 끝난다. 결국 영화 속 주인공들은 짜릿한 모험을 마치고 집으로 돌아와 식탁과 뒷마당에서 가족들과 이야기를 나누며 일상적인 시간을 보내는 것이 그 어떤 모험보다 가장 보람 있다는 것을 깨닫게 된 것이다.

특별한 경험과 소소한 경험 모두가 행복을 가져다주지만, 이들이 주는 행복감의 차이는 나이에 따라서도 달라질 수 있다고 한다.[13] 알래스카 크루즈 여행 같은 특별한 경험은 나이에 상관없이 큰 행복을 가져다준다. 이에 반해 친한 친구나 가족들과 커피를 마시고 담소를 나누는 것과 같은 일상에서 일어나는 소소한 경험이 주는 행복감은 젊은 사람들보다는 나이 든 사람들에게 훨씬 더 큰 것으로 나타났다.

요즘 소확행小確幸; 작지만 확실한 행복 소비가 남녀노소를 불문하고 인기다. 소확행은 일본의 소설가 무라카미 하루키가 자신의 수필에서 일상의 작은 행복을 표현하는 데 쓴 말이라고 한다. 특별한 경험에 더 행복해야 할 젊은 친구들이 결혼이나 취업이 힘들 만큼 팍팍해진 세상을 살다 보니, 이제는 차라리 일상에서 작지만 확실한 행복을 찾는 것이 오히려 현명하다고 여기고 있는 것이다. 만약 영화 〈버킷리스트〉의 두 주인공이 젊은 배우였더라면 결말이 바뀌었을까.

🎁 행복의 두 얼굴

소소한 경험이 가져다주는 행복의 크기가 나이에 따라 차이가 나는 것은 아마도 행복에 대해 서로 다른 정의를 내리기 때문일 것이다.[14] 젊은 사람들은 활기, 열정 같은 비교적 환기수준이 높은 감정을 경험할 때 더 행복하다고 느끼는 반면, 나이든 사람들은 차분함, 평화로움, 따뜻함 같은 비교적 환기수준이 낮은 감정을 경험할 때 행복을 느끼는 경향을 보인다. 앞으로 자기에게 남아 있다고 느끼는 시간의 양에 차이가 있기 때문이다. 앞으로 남아 있는 시간이 많다고 생각하는 젊은이들은 행복을 위해 미래를 설계하고 준비하는 데 삶의 목표를 두는 반면, 나이 든 사람은 시간이 상대적으로 부족하다는 생각 때문에 현재 상황에 더 충실하며 행복해지는 것을 우선의 목표로 삼게 된다.

결국 젊은 사람들은 새로운 사람들을 사귀고 새로운 정보를 탐색하고 흥분과 짜릿함을 가져다주는 소비를 하면서 더 큰 행복을 느낀다. 그래서인지 요즘 젊은 소비자들에게는 돈을 지불하면서까지 다양한 모임에 참여하는 현상이 두드러지게 나타난다. 독서, 요리, 글쓰기 등 이전에는 그저 취미 동호회에 참석하는 수준이었다면 요즘에는 돈을 지불하고 다닌다. 회원 수 80명으로 시작했던 유료 독서클럽 '트레바리'는 현재 3천 명의 회원에 200개 이상의 소모임이 있을 정도로 성장했다. 옛날 유럽의 사교모임인 살롱문화의 현재 버전이라고 불리는[15] 이곳에서 젊은 소비자들은 취미를 공유하고 새로운 인간관계를 맺으면서 작지만 확실한 행복을 즐긴다. 반면 같은 독서모임이라도 중·장년층은 동네의 조그만 책방에서 자신들과 비슷한 사람들과 모여 책을 읽고 이야기를 나누며 행복을 즐긴다. 요즘 동네 책방들은 이러한 중·장년층 소비자들의 라이프 스타일을 맞춰가는 것 같다.

행복을 대하는 자세는 상황에 의해서도 달라질 수 있다. 인터넷을 검색하면서 바로 내일의 여행을 계획하기도 하지만 내년 여름휴가를 미리 계획할 수도 있다. 이때도 시간에 따라서 행복의 의미가 달라진다. 만약 내일 떠날 여행을 계획한다면 저녁 식사 메뉴와 액티비티 프로그램 중 어느 쪽에 더 관심을 가질까? 아마 식사일 것이다. 내일은 시간이 얼마 남지 않아서 행복의 의미를 평온하게 바라보기 때문이다. 대신 한 달 남은 여행이라면, 아마 액티비티 프로그램에 더 관심을 가질 것이다. 시간이 많이 남은 만큼 활기찬 행복을 우선 생각할 것이다.

실제 사람들은 현재와 가까운 시점에는 행복을 위해 평온한 느낌의 제품을 선택하는 경우가 더 많았지만, 미래 시점에서는 활기찬 제품을 더 많이 선택했다.[16] 연말인 12월에 들어서면 백화점이나 유통가에서는 크리스마스 분위기가 시작된다. 크리스마스와 관련된 상품들이 판매되고 다양한 공연들도 기획된다. 이때 시간에 따라 다른 소비자의 행복의 의미를 참고하면 도움이 될 것이다. 크리스마스가 무르익어 갈수록 조금 더 차분한 상품이나 공연의 판매가 제격이다. 그러고 보면 크리스마스 한 달 전부터 파티를 계획하다가도 막상 전날이 되면 가족들과의 오붓한 식사가 더 좋게 느껴졌던 것도 그런 연유에서였던 것 같다.

🎁 작지만 확실한 행복 찾기

작은 행복 찾기를 좀 더 들여다보자. 소소한 일상의 행복은 별것 아닌 작은 일에도, 또 하루에도 여러 번 행복을 느낄 수 있게 만든다. 이러한 행복을 위한 소확행 소비는 확실히 근거가 있다.

행복 연구자들은 행복은 경험하는 감정의 세기보다 횟수가 중요하다고 말한다.[17] 아무리 큰 기쁨이라고 해도 곧 적응되기 때문에 작지만 여러 번 마주하는 기쁨이 오히려 행복에 더 효과적일 수 있다는 것이다. 코미디 영화를 보다 보면 작은 웃음을 쉴 새 없이 던져주는 영화가 있는 반면, 중간중간 크게 몇 번 웃기다 마는 영화도 있다. 영화를 보고 나온 뒤 더 재미있었던 영화를 꼽으라면 확실히 전자다.

즉 값비싼 스포츠카를 사지 못할 바에야, 밥보다 비싼 커피와 디저트라도 자주 즐기면서 나만의 작은 사치를 누린다는 소확행 소비가 필요한 이유다.[18] 그런데 이런 소확행이 가져다주는 소비의 행복을 만끽하기 위해서는 다음 2가지를 주의해야 한다.

첫째, 지금 당장 손에 잘 잡히지 않는 무엇이라면, 큰 행복을 줄 것 같아도 과감히 잊어라.

매주 수십억 원의 로또 당첨금을 꿈꾸며 복권을 사는 사람에게 지금 커피 한 잔의 행복이 눈에 들어올 리 없다. 연구에 의하면[19] 부자의 조건에 노출된 사람들은 다른 조건에 비해서 초콜릿을 먹는 데 시간을 덜 썼고 먹는 동안의 즐거움도 덜 느꼈다. 바로 눈앞에 더 큰 행복을 가져올 것 같은 허상 때문에 초콜릿 따위의 작은 달콤함은 성에 차지 않았을 법하다.

둘째, 지금 행복해야만 다가오는 작은 행복도 더 즐길 수 있다.

2018 평창 동계올림픽에서 우리나라는 금메달 5개를 획득하며 금메달 7개의 스웨덴에 이어 종합순위 7위를 기록했다. 그런데 전체 메달 수에서는 우리나라가 17개(금 5, 은 8, 동 4)로 14개(금 7, 은 6, 동 1)인 스웨덴보다 앞섰다. 금메달을 우선시하는 순위 매김 방식이 아니었더라면 어떻게 되었을까? 도대체 은메달과 동메달은 몇 개라야 금메달 하나의 가치가 되는 것일까? 이러한 질문에 최근 한 연구가 흥미로운 해답을 제시했다.[20] 지금 행복한 사람일수록 불행하다고 생각하는 사람에 비해서, 금메달 하나의 가치와 비교되는 은메달과 동메달의 수를 더 적게 본다는 것이다.

결국 지금 불행한 사람이 행복한 사람보다 금메달 하나의 가치를 더 크게 생각한다는 것인데, 이들에게 행복은 횟수보다는 세기처럼 보일 것이다. 한 방의 큰 행복을 바라며 로또를 구입하다 보니, 지금 옆에 있는 작은 행복은 바라보지 못하는 악순환이 반복되는 것은 아닐까.

행복한 돈 쓰기: 관계소비

🎁 슈퍼볼이 행복한 이유

"내가 주인공이 아닌 소비에 행복이 있을까?" 일본의 한 컨설턴트는 소비의 유형을 사적인 소비와 관계소비로 구분했는데, 자신이 아닌 누군가를 위해 구매하거나 함께하기 위한 관계소비에서도 사람들은 행복을 맛볼 수 있다고 한다.[21]

자신을 위한 소비 지출에 비해 타인을 위한 선물이나 기부가 더 큰 행복감을 가져다준다는 연구 결과도 이를 뒷받침해준다. 개인적인 지출(본인을 위한 서비스 이용과 선물)에 비해 친사회적 지출(타인을 위한 선

물과 기부금)에서 느끼는 행복감이 훨씬 더 컸다.[22]

미국 미네소타 주 미니애폴리스에서 열렸던 2018년 슈퍼볼의 승자는 모두의 예상을 뒤집고 '필라델피아 이글스'가 차지했다. 그런데 슈퍼볼과 관련해 한 가지 재미있는 통계가 있다.[23] 이날 하루 성인(25~34세) 1인당 지출 규모가 무려 118달러에 이를 것으로 예상된다는 것이었다. 경기장을 직접 찾지도 않는 사람들이 대체 어디에 돈을 이렇게 많이 쓰는 걸까? 통계에 따르면 응답자의 18%인 4,500만 명이 슈퍼볼 당일 자신의 집에서 누군가를 초대해 파티를 열 계획이고, 28%인 6,900만 명이 하나의 파티에 참석해서 다른 사람들과 함께 할 예정이라고 했다. 슈퍼볼이라는 매개체를 통해서 함께하는 사람들과 행복을 나누기 위한 관계소비의 진수를 보여주는 셈이다. 진정 행복한 슈퍼볼이 아닐 수 없다.

🎁 시간을 쓰자

관계소비가 진짜 행복을 가져다주길 바란다면 돈뿐만 아니라 시간도 쓸 줄 알아야 한다. 매년 맞이하는 어버이날을 생각해보자. 대부분의 사람들은 당연히 부모님이 선물보다 용돈을 좋아하실 거라고 믿고 용돈을 드리는 경우가 많다. 그러나 조금 더 솔직해지자면 선물을 고르고 결정하는 일이 귀찮거나 시간을 내기가 힘들어서일 수 있다.

그러나 선물 쇼핑에 나서 보면 누군가를 위해 선물을 고르고 준비하는 과정이 얼마나 행복한 일인지 바로 알아차릴 수 있다. 선물에 자신의 마음과 정성을 담기 때문에 이를 준비하는 과정에서 기쁨을 느끼는 것이다. 이런 선물을 받는 상대방 역시 선물과 함께 그 안에 담겨 있는 따뜻한 마음과 노력이 전달되어 더욱 행복해한다.

타인을 위한 지출의 진수라고 할 수 있는 기부 역시, 일반적으로 행복을 가져다준다고 알려져 있지만 선뜻 동의하기 힘든 구석이 있다. 개인적으로 통장에서 자동으로 나가는 기부처가 몇 군데 있기는 하지만, 그저 조금 내 마음이 편해졌다면 몰라도 솔직히 그것 때문에 행복했던 적은 별로 없었던 것 같다. 그런데 알고 보니 그것 역시 내가 돈만 썼을 뿐 시간을 함께하지 못했기 때문이었다.

'시간요청 효과time-ask effect'[24]에 의하면 기부금을 모집할 때도, 사람들에게 먼저 시간을 기부하길 요청한 후 기부할 금액을 받는 경우가 바로 기부금액만을 요청해서 받는 경우보다 훨씬 더 많았다는 사실이 입증되었다. 시간을 먼저 요청하는 경우 사람들의 마음이 훨씬 더 감정적이 되기 때문에 기부금액 역시 더 많아진다고 한다. 역시 진정한 기부의 행복은 돈만이 아니라 시간도 함께하는 데 있었다. 생각해 보면 시간을 쓰지 못하면서 관계소비를 한다는 것 자체가 처음부터 말이 안 되지 않는가.

🎁 단골손님이 되자

단골집을 가진 사람들이 늘 부러웠다. 누구에게나 자주 가는 곳이야 있겠지만 밤늦게 또는 혼자만 가도 불편하지 않게 주인 및 그곳의 손님들과 이야기할 수 있는 정도는 되는 단골집이 있었으면 좋겠다는 바람이 있는 것 같다. 단골집이 주는 심리적인 만족감에 비추어보면, 작은 혜택을 따라 여기저기 브랜드를 옮겨 다니는 체리피커cherry picker형 소비자들은 오히려 작은 이익을 위해 본질적인 행복을 포기하고 있는지도 모른다.

물론 기업은 늘 거꾸로 이야기한다. 충성 고객을 키우기 위해 옮겨 다니는 소비자들을 행복하게 해줘야 한다고 말이다. 흥미롭게도 최근 연구에 의하면 이러한 기업들의 생각은 설정 자체가 잘못되었다고 한다.[25] 소비자 충성도가 오히려 사람들에게 행복을 가져다준다는 결과가 나왔기 때문이다. 더욱 흥미로운 점은 소비에서의 충성도가 높은 사람들일수록 가족, 친구, 지역과 같은 다른 영역에서도 높은 충성도를 보였다는 것이다.

브랜드 연구에서도 자신과 이미지가 어울리는 브랜드를 사용하는 것이 행복에 영향을 미쳤는데, 주로 충성도가 높은 사람들에게서 더 크게 나타났다.[26] 스포츠 팀이나 선수, 아이돌 가수의 팬이라면 자신이 열정적으로 응원할 수 있는 하나의 팀이나 선수, 가수가 있을 때 더 행복해한다.

내가 단골집이 있는 사람들을 부러워하는 이유도 그곳을 통해 내 인생이 더 풍성해지고, 그곳에서 얻는 다양한 경험들이 나를 더 행복하게 해줄 것 같다는 믿음 때문이다. 그런 믿음에 진짜 심야식당을 찾아가지는 못하더라도 대신 만화 『심야식당』[27]을 자주 손에 잡곤 한다. 어딘가 있을 나만의 '심야식당'을 꿈꾸며 말이다.

직원이 행복해야 한다

💝 워라밸 세상

요즘 주변에서 가장 많이 듣는 말 중 하나가 '워라밸work and life balance'이다. 일과 삶의 균형을 찾는다는 점에서 소비자들의 행복 찾기의 연장선이라고 생각한다. 일을 마치고 회사를 나서는 순간 우리들은 소비자가 된다. 고용노동부 발표에 의하면 2017년 대한민국의 워라밸 수준은 100점 만점에 37.1점에 불과했다.[28] 거의 낙제점에 가까운 워라밸 점수를 보면서 '소비자로서도 행복하지 못하겠구나!'라는 생각이 절로 들었다.

워라밸을 위해서는 다음 4가지의 균형을 잡아야 한다.

첫째, 시간의 균형이다. 출퇴근 시간, 근무시간, 휴가 등은 일과 삶의 양적 균형을 위해 기본적으로 꼭 지켜져야 할 것들이다. 물론 각자의 경제적 상황이나 일의 방식이 모두 다른 만큼 균형점을 찾기가 쉽지만은 않지만, 그럴수록 모두의 지혜와 협의가 더 필요하다.

둘째, 근무환경에서의 균형이다. 직원 편의시설이나 사무실 환경은 과거에 비해 확실히 좋아졌다. 그러나 워라밸 관점에서 보면 회사를 벗어난 생활공간과 균형감을 찾는 것이 필요하다. 라이프 스타일의 변화에 따라 생활공간인 집(제1의 공간)과 쇼핑·문화공간(제3의 공간)은 적극적인 연출의 대상으로 변하고 있다. 당장 커피숍에서 노트북을 켜놓고 근무하다가 사무실에 앉으면 '여기는 어딘가!'라며 혼란스러운 생각이 들지 않을까? 전보다 많이 좋아졌지만, 그래도 일터(제2의 공간)가 다른 생활공간들과 균형감 있게 변하고 있는지는 생각해볼 문제다.

셋째, 세대의 균형이다. 겉모습은 보고 방식이나 회식문화, 일하는 방식의 차이지만 결국에는 세대 간의 차이다. 공무원을 목표로 하고, 평생직장은 없다고 생각하는 90년생[29]들과 꼰대 부장님으로 상징되는 기존 세대가 같을 수는 없다. 개인적으로는 해결하기 어려운 문제인 만큼 세대를 아우르고 균형 잡아줄 조직문화의 역할이 더욱 절실하다.

넷째, 일과 인생의 균형이다. 자신의 회사와 업무가 주변 사람들과 사회에 어떤 긍정적인 역할을 미치는지 의미를 찾는 것으로, 일에 대한 만족뿐 아니라 삶의 만족에 결정적인 영향을 미친다.[30] 꿈을 찾고,

이것을 일과 연결하는 개인의 노력도 중요하시반, 기업의 노력도 반드시 필요하다. 사회적으로 책임감을 다하는 기업만이 직원들에게 일을 통해 의미 있는 존재임을 확인시켜줄 수 있기 때문이다.[31] 갑질하는 회장님이나 소비자에게 피해를 주는 기업, 이런 나쁜 기업 말고도 의미를 찾기에 무미건조한 기업들이 너무 많다. 우리 회사 직원들은 과연 일의 의미를 통해 인생의 균형감을 찾고 있는지 눈여겨보자. 일단 직원들이 회사를 얼마나 자랑스러워 하는가를 보면 알 수 있다.

🎁 워라밸은 모두의 행복이다[32]

기업의 입장에서 직원을 행복하게 만드는 워라밸이란 곧 사회적 책임을 얼마나 실천하느냐에 달려 있다. 기업의 사회적 책임CSR: Corporate Social Responsibility은 그 범위와 대상이 넓어서[33] 어떤 기업도 책임을 다하고 있다고 함부로 말하기 어렵다. 그러나 사회 전체는 물론 소비자, 종업원, 주주와 같은 여러 이해 관계자들에게 최대한 긍정적인 혜택과 영향력을 미쳐야 한다는 점은 분명하다. 해를 끼치지 말아야 하는 것은 당연하다. 직원들이 일과 삶에서 다양한 균형을 찾아가도록 적극적으로 도와주는 기업은 결과적으로 사회 모두에게 책임을 다하는 기업이 된다.

사회적 책임을 다하는 기업의 직원들은 고객지향적일 수밖에 없다.[34] AK백화점은 감정 노동에 시달리는 현장 매니저(협력회사 직원)들을 위한 힐링 프로그램을 운영해 서비스 개선에 많은 효과를 보았다. 행복한 직원들은 누구보다 소비자들의 입장을 공감하며 고객지향적이 된다. 행복한 직원이 행복한 소비자를 만든다.

기업의 사회적 책임은 소비자의 행복과 직접 연관이 있다. 소비자들 역시 책임감 있는 기업의 제품과 서비스를 이용하면서 소비와 삶의 균형감을 찾을 수 있기 때문이다. 탐스 신발을 신고, 공정무역 커피를 마시는 것이 단지 품질이 좋거나 맛있기 때문만은 아니다. 조금 더 비용을 내더라도 자신의 소비가 누군가에게 작은 도움이 되었으면 좋겠다는 삶의 의미 찾기다. 소비의 행복은 소유하는 데 있는 것이 아니라 경험하는 데 있다. 책임을 다하는 기업을 만나다 보면 소비자들의 행복이 조금 더 가깝게 다가올 것이다.

결국 사회적 책임은 기업도 행복하게 만든다. 사회적 책임이 직원 만족과 충성도에 효과적이라는 점에서 행복한 인재를 지킬 수 있는 힘이 된다. 그뿐만 아니라 존경받는 기업, 책임감 있는 기업은 젊은 인재들이 가장 선호하는 덕목이 된 지 오래다. 나아가 소비자들은 책임을 다하는 기업에게 지불하는 돈을 더 공정하다고 생각한다.[35] 상품 가치와는 별개로 사회적 책임을 통해 얻는 혜택과 기업이 지출하는 비용을 소비자들이 인정해주기 때문이다.

워라밸은 직원을 행복하게 할 뿐 아니라, 소비자, 기업, 사회 전체를 행복하게 만든다.

경험과 자아를 표현한다는 점에서 라이프 스타일 소비는 감정 소비다. 요즘 소비자들이 선호하는 소비이기도 하다. 공간과 상품을 중심으로 라이프 스타일 소비자들을 잡기 위한 시장이 커지는 이유다. 시장은 나를 위한 소비, 휴식, 배려와 같은 트렌드를 따라간다. 모두 불안한 현재의 삶을 넘어서고 싶은 마음에서 나온다.

5장

감정과 라이프:
라이프 스타일 소비자

라이프 스타일은 진짜다

🎁 나의 라이프를 찾아가는 경험소비

요즘 라이프 스타일에 대한 관심이 뜨겁다. 기업들도 제품을 먼저 추천하기 전에 소비자들에게 라이프 스타일을 제안한다. 최근 가전 박람회에 참가한 삼성전자는 '세상에 없는 라이프'라는 콘셉트로 전시관을 꾸몄다. 예전 같았으면 새로 나온 제품의 장점이나 경쟁 제품과의 차이를 강조했을 텐데, 이젠 혁신적인 가전제품들이 변화시키는 새로운 생활방식을 소개하며 소비자들이 직접 경험하고 느끼게 한다. 소비자들에게 살아보고 싶은 라이프 스타일의 제안은 분명히 매력적이다. 당장 나부터라도 가전제품보다는 편리한 라이프 스타일을 구입하고 싶어진다.

앞에서 소비자들이 추구하는 라이프 스타일은 지금보다 더 나은 삶을 살고 싶다는 열망이라고 했다. 즉, 실제로 그렇게 살고 싶은 모습이어야 한다는 것이다. 2001년 LG카드가 배우 이영애를 등장시킨 광고로 인기를 끌었던 적이 있다. 멋진 커리어 우먼의 삶을 보여주는 광고 속 모습은 '이영애의 하루'라는 유행어를 만들어내기도 했지만, 광고 속 하루는 소비자들에게는 그저 동경이었을 뿐 진짜 살아갈 수 있는 나의 라이프는 아니었다.

복잡하고 바쁜 일상에 지친 요즘 사람들은 여유 있어 보이는 북유럽 사람들의 생활방식을 동경한다. 심지어 바라보지만 않고 직접 북유럽 스타일로 집을 꾸미고 그들이 즐겨 먹는다는 음식을 찾는다. 덴마크 사람들에게 안락한 삶의 대명사인 '휘게Hygge'의 이미지를 물었을 때 85% 이상이 양초를 떠올렸다고 한다. 그래서인지 휘게 라이프가 국내에서 인기를 끌면서 향초의 판매가 이전보다 훨씬 증가했다고 한다.[1] 소비자들은 자신이 살고 싶은 라이프 스타일을 표현하는 데 도움이 되는 것들을 하나씩 찾아가는 중이다.

물론 형식적이거나 일회성에 그치는 것은 진짜 라이프 스타일이 아니다. 『휘게 라이프스타일 요리』[2]의 저자인 트리네 하네만Trine Hahnemann은 음식보다는 사람들과 함께하며 시간을 나누는 진짜 경험을 강조했다. 누군가와 함께하는 여유와 즐거움이 빠진 음식이라면 진짜 휘게 라이프를 사는 것이 아니라는 말이다. 생각해보자. 요리 레시피를 따라 고기, 야채, 디저트까지 북유럽 스타일로 만들고 나서 혼밥을 한다고 휘게 스타일이라고 할 수 있을까? 휘게는 사랑하는 가족이나 친구들과 함께 편안한 시간을 함께 보낼 수 있어야 진짜 의미가 있는 것이다.

다행스럽게도 소비자들의 라이프 스타일 경험을 도와주려는 브랜드들이 늘고 있다. 일본의 '츠타야 서점'은 요리책과 요리 기구를 같이 판매한다. 여행책 옆에는 전문가들이 있어서 적절한 여행상품도 같이 설계해준다. 단지 바라보는 데 그치지 않고 실제 책 속의 삶을 적극적으로 경험해보길 제안하는 츠타야 서점은 우리가 알고 있던 책만 파는 서점들과는 많이 다르다.

감정 소비자는 머리보다 가슴으로 반응한다. 그들에게 한번쯤 살아보고 싶은 라이프를 제공하는 것이 진짜 감정 소비다.

🎁 나를 찾아가는 자아욕구 소비

지금보다 더 나은 생활이란 아마도 자신의 욕구를 충족시켜가는 것이다. 음식 하나만 놓고 벌어질 수 있는 다음 장면들을 상상해보자.

배고플 때 음식은 그 자체로 욕구 충족이다. 그러나 혼자 먹는 것보다는 친구와 함께하는 식사가 더 좋다. 모두 가보고 싶어 하는 멋진 셰프가 요리해주는 맛집이라면 더욱 좋다. 인스타그램에 올린 인증 사진에 부러움의 댓글이 달린다. 요리에 관심을 갖고 열심히 배운 덕에 주변 사람들에게 음식을 해주는 기쁨이 생겼다. 단조롭던 일상이 풍성해지는 것 같다.

음식은 없으면 안 되지만 이것만으로 생활이 만족스럽다고 생각하는 사람들은 없다. 혼밥에 익숙하면서도 함께 식사하며 얻는 소속감belonging, 음식을 매개로 다른 사람들에게 부러움을 샀다는 자존감self-esteem, 음식을 하며 채워가는 자아실현self-actualization이 우리의 생활을 만족스럽게 해준다.

결국 지금보다 더 나은 생활이란, 더 좋은 것을 먹고, 더 안전한 욕구를 채우는 것을 넘어서 더 상위에 있는 소속감, 자존감, 자아실현 욕구들을 충족시키는 것이다. 라이프 스타일이 나를 표현하는 과정이란 점에서,[3] 이런 상위의 욕구들에 딱 들어맞는다. 그렇다면 어떻게 나를 표현할 수 있는지 다음을 살펴보자.

동질감을 찾다

나를 표현한다는 것은 차이를 강조하기보다 오히려 비슷한 점을 공유하는 것에서 가능하다. 혼자 있는 내가 아니라 '집단과 함께하는 나'를 보여주는 것이다. 대학 캠퍼스에서 학교 로고나 이름이 새겨진 점퍼나 티셔츠를 입고 다니는 학생들의 모습은 낯설지 않다. 축구경기가 있는 날이면 모두 응원하는 팀의 유니폼을 입고 경기장을 찾는다. 집단의 소속감을 통해 나를 표현하는 것이다.

라이프 스타일은 동同세대적이라는 점에서 우리We의 성격이 가장 분명하게 드러난다. 이전과 다른 생활방식을 보여주는 집단이 등장하면 X, Y, Z세대처럼 새 이름을 부여하고 다른 집단으로 규정하는 것도 그런 이유일 것이다. 태어나고 자라온 시간(세대)은 라이프 스타일에 결정적이다. 1980년대부터 2000년대 초반 사이에 태어나 밀레니얼 세대라고도 불리는 Y세대를 살펴보자. 경제적으로 풍요로운 시기를 지내왔지만 정작 자신들이 사회에 진입하는 순간부터 언제나 불황인 세대다. 이들에게는 불확실한 미래보다는 현재가 더 중요하고, 나 자신을 아끼며 살아가는 것만이 험한 세상에서 살아남는 방편일 수 있다. 이들에게 욜로YOLO; You Only Live Once나 포미For Me와 같은 라이프 스타일4은 자신들만의 방식처럼 자연스럽다.

나만의 색을 찾다

자기만의 개성을 드러내거나 '다른 사람과 다른 나'를 표현한다. 스마트폰 이용자들을 보면 한 가지 재미있는 점이 있다. 기업들이 심혈을 기울여 선보인 화려한 스마트폰의 색상은 단지 고를 때만 고민한다는 점이다. 고심하며 선택해놓고 정작 알록달록 자기만의 스마트폰 케이스로 뒷면을 다 가려버린다. 멋지게 꾸민 사람들의 스마트폰을 볼 때면 분명히 소비자들의 덜 채워진 욕구가 많다는 것을 알게 된다.

소형차 시장은 오랫동안 모닝과 스파크가 경쟁하는 시장이었다. 지금은 i20과 레이처럼 조금 다른 소형차들 외에도 소형차 시장에 불어온 SUV바람으로 인해 티볼리와 QM3의 인기가 높다.5 작지만 남과 다른 차를 타겠다는 소비자들의 자기표현 방식인 셈이다.

의류, 자동차, 화장품, 패션 제품들이 라이프 스타일에서 중요하게 여겨지는 것은 자기만의 개성을 표현하거나 위신을 드러내는 데 적합하기 때문이다. 이런 제품들은 나의 두 번째 피부second skins⁶와도 같은 제품들이다. 내가 남과 다르다는 점을 보여줄 수 있다는 의미에서 라이프 스타일 소비는 자존감 찾기에도 잘 들어맞는다.

내가 나를 연출한다

나를 표현한다는 것은 결국 내가 어떤 사람인가를 보여주는 일이다. 한마디로 '나는 누구인가'라는 '정체성identity'을 드러내는 것이다. 영화 〈레 미제라블〉에서 장 발장은 자기를 대신해 범죄자로 몰린 사람 앞에서 양심과 갈등하며, 내가 누구인지who am I를 묻는다. 시장의 많은 브랜드들도 소비자들에게 자신의 변하지 않는 핵심가치와 약속을 담아 정체성을 강조한다.

어느 마케팅 교수는 "소비자들은 인생이라는 무대 위에서 스포트라이트를 받으며 자신들의 삶을 살고 싶어 하는 배우들과 같다"라고 말했다.⁷ 정말 멋진 표현이다. 영화나 드라마에서는 감독이 배우를 멋지게 연출해주지만 소비자들은 입는 옷, 먹는 음식, 사는 집 등을 직접 소비하면서 자신을 연출하는 것이다.⁸ 소비를 통한 자아실현인 셈이다.

국내에서도 공격적으로 매장을 확장하고 있는 일본의 잡화브랜드인 무인양품無印良品을 살펴보자. 이 브랜드를 즐겨 찾는 소비자들은 단지 옷과 생활용품을 구입하는 것이 아니다. 브랜드가 내세우는 '심플한 라이프'를 살면서 자신들의 정체성을 찾아가는 것이다. 영화를 위해 필요한 배우들을 캐스팅하는 영화감독처럼 소비자들도 원하는 라이프를 직접 연출하기 위해 이런저런 제품들을 캐스팅하는 중이다. 물론 서로 어울리는 것들로 말이다.

이렇게 소비자들은 자기를 표현하는 3가지 방법을 통해 소속감, 자존감, 자아실현 욕구를 충족하며 더 나은 생활을 찾아간다. 나를 찾아간다는 점에서 라이프 스타일은 진짜 감정 소비다.

라이프 스타일이 비즈니스 기회다

옥스퍼드 영어사전 편집자를 지낸 존 심프슨John Simpson은 『단어탐정』[9]이란 책에서 라이프 스타일이란 단어가 일상에서 자주 쓰이기 시작한 것은 1965년부터라고 말한다. 인터넷을 검색해보니 그해 뉴욕 1번가에서는 싱글바에서 맥주 한잔을 하면서 금요일을 즐긴다는 콘셉트의 'T.G.I. Friday's'가 처음 문을 열었다. 그동안 없던 라이프 스타일을 즐기기 위한 공간이 새롭게 생긴 것이다. 같은 해 우리나라에서는 여행, 요리, 육아 등 라이프 스타일을 다룬 최초의 여성잡지 〈주부생활〉이 창간되었다. 이렇게 보면 라이프 스타일은 언제나 비즈니스의 기회가 되어준 셈이다.

라이프 스타일은 마케팅에서 중요하게 다루어져 왔다. 소비자들을 라이프 스타일에 따라 여러 집단으로 나누고 특정 생활방식을 추구하는 소비자들이 좋아할 마케팅 전략을 펼치는 것이다. 라이프 스타일 시장 세분화 마케팅이다. 주로 특정 라이프 스타일에 적합한 혜택을 상품에 반영하거나 그런 생활을 즐기는 사람들을 광고에서 직접 보여줌으로써 따라 하고 싶은 마음이 들게 만든다.

시장 변화에 대처해가는 외식업체들을 살펴보자. 생활방식이 변하면서 패밀리레스토랑 콘셉트가 시들해지는 대신 건강을 위해 신선한 샐러드바를 강조하거나 맥주와 음악을 내세운 펍 스타일, 혹은 다른 콘셉트로 세분화하면서 라이프 스타일 마케팅을 펼치고 있다.

이런 라이프 스타일 마케팅은 최근 들어 더욱 변화하고 있다. 시장 세분화를 위해 라이프 스타일을 활용하는 데 그치지 않고 직접 소비자들에게 라이프 스타일을 팔려고 한다. 이전보다 훨씬 과감해진 기업의 라이프 스타일 전략은 또 다시 비즈니스의 기회가 되고 있다. 라이프 스타일을 판다는 의미에 대해 생각해보자.

🎁 라이프 스타일을 팔아라

손에 잡히는 라이프 스타일을 팔아라

기본적으로 이전에 이야기하던 라이프 스타일보다 훨씬 구체적이다. 단지 동경하거나 바라보는 것보다 그렇게 살고 싶은 마음을 강하게 울리는 라이프 스타일을 제시해야만 한다. 그래서인지 유명 스타를 등장시킨 멋진 일상보다 나와 비슷한 사람들의 생활을 강조하는 광고들도 이전보다 많아졌다. 소비자들의 라이프 스타일을 보여주는 울림 resonance 형식의 광고 스타일이 인기다.

대한항공 광고는 '내가 사랑한 유럽'이라는 모습으로 사람들의 마음을 두드리면서 여행 라이프를 제시했다. 카드사들의 라이프 스타일 전략도 이전보다 훨씬 세련되어졌다. 신한카드는 카드 소비에 대한 빅데이터 분석을 통해 찾은 '코드 9'이라는 라이프 스타일 집단을 확인하고 그에 맞는 맞춤형 카드상품 전략을 구사했다. 프렌드 대디(여행과 같은 체험활동이 많은 아빠), 알파맘(자녀교육에 매진하는 똑똑한 엄마), 리얼리스트(건강과 웰빙, 일과 여가의 균형을 추구하는 남성), 프리마돈나(문화와 여가를 즐기는 싱글 여성)처럼 훨씬 정교해진 라이프 스타일의 모습들은 실제 우리의 삶의 방식과 많이 닮아 있다.

라이프 스타일을 핵심가치로 팔아라

브랜드라면 모두 독자적인 핵심가치를 정하고 판매한다. 쇼핑몰 쿠팡은 빠른 배송을 팔았고 자동차 볼보는 안전을 팔았다. LG전자의 고급가전 시그니처는 디자인과 프리미엄을 판다. 상품 속성 또는 소비자가 원하는 혜택이나 이미지를 팔기도 한다. '내가 사랑한 유럽'의 대한항공도 라이프 스타일을 통해 소비자들의 욕구를 자극하기는 했지만 실제로는 최고의 비행excellent in flight이란 서비스를 판다고 말한다.

기존의 브랜드들은 자신들을 파는 데 라이프 스타일을 활용하기는 했지만, 스스로 라이프 스타일을 판다고 전면에 내세우지는 않았었다. 최근 라이프 스타일을 판다는 브랜드들은 이 부분에서 기존과 다르다. 제품의 본질만 남기고 불필요한 것을 덜어냈다는 '무인양품'이 판매하는 핵심가치는 심플한 디자인이나 가성비가 아니라 바로 심플라이프 그 자체다.[10] 무인양품 충성 고객인 무지러Mujirer들은 옷을 사고 욕실용품을 사는 것이 아니라 심플한 생활방식을 사려 하기 때문에, 무인양품에서 파는 것이라면 어떤 제품이라도 좋아하는 것이다.

이처럼 라이프 스타일을 파는 브랜드들은 소비자들의 살아가는 방식과 강력하게 연결되어 있다. 자연스럽게 라이프 스타일 브랜드는 그렇게 살고 싶은 사람들에게 갖고 싶은 열망이 된다.

브랜드화된 라이프 스타일을 팔아라

라이프 스타일은 경험하는 수준에 따라 달라질 수 있다. 종종 나의 라이프 스타일과 어울리는 카페나 식당을 만나게 된다. '라이프 스타일'이라는 단어를 사용하는 경우도 있지만 그렇지 않더라도 모던하거나 이국적인 실내 디자인이 마음에 들어 '우리 집도 이렇게 해볼까'라는 생각을 하게 된다. 그렇지만 시간이 지나면 쉽게 잊혀진다. 살면서 만나는 라이프 스타일들이 많기 때문이다. 비슷비슷해도 별 감흥이 없다. 아웃도어 패션 브랜드들의 광고를 보면 하나같이 자신들이 라이프 스타일 브랜드라고 말한다. 등산을 하거나 야외에서 활동적인 생활에 유용하기 때문에 수긍은 가지만 어떤 차이가 있는지는 잘 모르겠다.

우연히 만나거나 또는 비슷비슷해서 구별하기 어려운 라이프 스타

| 나이키+

일보다 자신만의 라이프 스타일을 파는 것이 중요하다. 브랜드화된 삶의 방식branded life-experience을 경험하게 하는 것이다. 나이키는 더 이상 신발장에 보관하는 러닝화에 머물지 않는다. 러닝화와 함께 제공되는 어플(나이키+)을 통해서 소비자들은 달리기에 대한 체계적인 관리부터 달리는 순간 주변 사람들의 응원 목소리까지 생생하게 전달받는다. 다른 스포츠 브랜드를 신고 달릴 때는 경험할 수 없는 부분이다. 나이키+만의 브랜드화된 경험을 통해 진짜 나의 달리기 라이프가 가능해진다.

복고풍 드라마들 중에서 '응답하라' 시리즈가 인기를 끌었던 이유가 뭘까? 좋은 감독과 배우들의 연기 등 여러 이유들이 있었겠지만, 하나를 더 보탠다면 브랜드화된 추억이다. 우연히 만난 옛날이었거나 다른 영화나 드라마에서 보았던 것과 비슷한 추억이 아니었다. 드라마 안에는 콕 집어서 1997년, 1994년 그리고 1988년의 추억이 있었다. 브랜드화된 경험의 힘이다.

소비자들의 라이프 스타일을 완성시켜라

2018년 현대자동차는 신형 SUV 팰리세이드를 출시하면서 '스타일나이트style night'라는, 자동차와 패션이 만나는 행사를 펼쳤다. "밀레니얼 세대는 자동차를 단순히 이동 수단이 아닌 라이프 스타일을 위한 생활 공간으로 이해하고 있다." 행사를 기획했던 유명 스타일리스트 타이 헌터Ty Hunter의 말이다.[11] 행사에서 타이 헌터는 팰리세이드가 추구하는 라이프 스타일에 어울리는 20벌의 패션 룩을 선보이면서 음악과 패션, 자동차의 통합된 라이프 스타일 쇼를 연출했다. 단지 일회성의 쇼에서만 그칠 것이 아니다. 일상의 소비자들에게도 언제나 통합적인 라이프 스타일의 연출이 필요하기 때문이다.

라이프 스타일 전략공식

스타벅스에 앉아서 커피를 즐긴다는 이유만으로 '이 사람은 이런 라이프 스타일이구나'를 짐작하기는 어려울 것이다. 하나의 제품 또는 브랜드만으로 자아를 제대로 표현한다는 것은 불가능하기 때문이다.[12] 그러나 그 사람이 입고 있는 옷과 사용하는 노트북을 함께 본다면 어떨까? 커피숍을 나갔다가 그 사람의 자동차까지 본다면 그 사람의 라이프 스타일이 처음보다는 눈에 들어올 것이다.

일본의 세계적인 디자이너 사카이 나오키坂井 直樹는 소비자들의 감성 경향이 의식주를 둘러싸고 일관성 있게 나타나기 때문에 이러한 분야에서 소비되는 브랜드들의 관계성을 잘 살펴보면 개인의 라이프 스타일을 파악할 수 있다고 말했다.[13] 성공히는 라이프 스타일 전략의 핵심은 바로 그러한 관계성들을 연결시켜주는 것이다. 앞서 이야기했듯이 소비자들의 통합적인 라이프 스타일 연출을 적극적으로 지원하는 것이다.

🎁 라이프 스타일 플랫폼이 되자

플랫폼platform의 뜻은 정거장이다. 기차역 플랫폼에는 잠시 쉬거나 이동하는 여행자들이 많다. 서로 처음 만났어도 반갑게 인사하고 서로의 경험과 정보를 공유하는 활기찬 플랫폼은 여행의 만족과 가치를 상승시키는 데 큰 역할을 한다.

비즈니스에서도 플랫폼은 공통적인 요소들을 모아놓은 집합이나 조합방식을 의미한다. 애플의 앱스토어와 구글의 플레이스토어처럼 공통적인 조합이 가져다주는 힘은 혁신의 원동력이 된다.[14] 앱스토어나 플레이스토어를 통해 이용자들이 모바일 앱을 한곳에서 이용하는 것처럼, 한곳(브랜드)을 통해 라이프 스타일의 통합된 연출을 가능하게 해준다는 것이 라이프 스타일 브랜드의 플랫폼 전략이다.

확장 전략

무인양품은 7천 종류가 넘는 상품을 다루고 있다. 최근에는 무지호텔Muji Hotel까지 사업영역을 확대했다. 재생 목재와 친환경 벽지를 이

| 무인양품

용하며 객실은 모두 무지의 상품들로 채워져 있다. 친환경 식사를 제
공하는 무지 디너와 상품을 판매하는 무지 스토어를 함께 운영하면서
호텔 이용자들에게 브랜드가 팔고 있는 라이프 스타일을 통합적으로
경험하게 해준다.

　이처럼 전혀 관계없어 보이는 상품으로까지의 영역 확장이 가능한
것은 상품의 관점보다 라이프 스타일 플랫폼 위에서 움직였기 때문이

다. 소비자들도 라이프 스타일의 통합적인 완성이라는 점에서 일관성을 찾는다. 브랜드 연구자들은 다양한 제품군을 넘어서는 이러한 라이프 스타일 브랜드의 확장을 범위 브랜드range brand 전략이라고 부르기도 한다.[15]

이러한 확장 전략은 럭셔리 브랜드들이 주로 선택하는 방법이기도 하다. 영국 럭셔리 브랜드 버버리는 남성복, 여성복, 아동복에서부터 넥타이, 핸드백, 여행가방, 우산에 이르기까지 다양한 가격대를 아우르는 광범위한 제품군으로 확대하면서 럭셔리 라이프 스타일 브랜드의 위상과 성장이라는 두 마리 토끼를 잡았다.[16]

개방 전략

책, 음반, 비디오 등을 빌려주며 시작한 츠타야 서점 1호점 '히라카타점' 간판에는 CCCCulture Convenience Club라는 글자가 선명하다. 같은 장소에서 편리하게 소비자들의 취향을 설계해주겠다는 츠타야 서점[17]의 의지가 담겨 있는 표현이 아닌가 싶다.

세계 최대 화장품 편집매장으로 성공한 세포라Sephora와 달리 아모레퍼시픽, LG생활건강 같은 화장품 브랜드들은 자체 브랜드 매장에만 몰두하다 뒤늦게 편집매장의 길을 따라나섰다. K뷰티로 큰 성공을 거둔 기업들이지만 좋은 화장품 만들기에 뛰어난 만큼 변화된 소비자들의 라이프 스타일에는 익숙하지 않았던 것 같다.

라이프 스타일 브랜드들의 핵심 전략은 한곳에서 모아 경험하게 하는 것이다. 브랜드 매장 안에서 자신의 힘만으로 다양한 것들을 제공할 수 없다면 확실하게 개방해 좋은 선수들을 불러 모으는 능력으로 승부할 필요가 있다.

🎁 라이프 스타일 솔루션이 되자

솔루션이란 문제 해결이다. 여러 상품들을 통합하고 고객화해서 문제를 해결해주는 솔루션 혁신solution innovation은, 다양한 선택의 넓이에 깊이를 더하는 것이다.[18] 플랫폼 전략을 통해 소비자들은 한곳(브랜드)에서 편하고 다양한 선택을 함으로써 라이프 스타일을 연출할 수 있었다. 여기에 자신에게 필요한 맞춤 라이프 스타일이 지원된다면 더할 나위 없이 좋다.

고객 맞춤 솔루션

여행 준비 중 호텔을 예약하다 보면 부티크boutique 호텔이나 라이프 스타일 호텔을 만날 때가 있다. 부티크 호텔은 역사적이거나 고전적인 디자인이 많지만 라이프 스타일 호텔은 모던하거나 혁신적이라는 차이점이 있다. 무엇보다 라이프 스타일 호텔은 투숙객들의 개인적인 경험을 강조한다.[19] 사람들마다 각자의 방식으로 살아간다는 점에서 개인화된 서비스는 라이프 스타일의 문제해결에 핵심이 될 수밖에 없다.

북유럽 가구의 대명사 이케아는 구입자들의 70%가 실제로는 자신들이 구매할 가구가 놓일 위치의 크기를 정확히 모른다는 사실에 주목했다. 쇼룸을 통한 전통적인 체험과 맞춤에 더해서 이케아는 증강현실 기술을 활용해 소비자들이 미리 가구를 배치해볼 수 있도록 함으로써 고객들의 문제를 해결했다.[20]

나이키+는 앱을 통해 달리는 기록이나 코스를 개인별로 관리해주면서 소비자들의 달리기 체험을 완성시켜준다. 주변에 라이프 스타일 편집매장들이 많기는 하지만 모아놓았다고 전부 좋은 것은 아니다. 예쁜 것은 많지만 나에게 맞는 것은 잘 찾지 못하는 경우도 많다. 매장을 이용하는 고객들에게 얼마나 개인화된 맞춤 솔루션을 제공해주는지가 성패를 좌우할 것이다.

눈높이 솔루션

인터넷 쇼핑몰에서 모델들이 입은 옷을 보고 '멋지다!' 생각해서 구매했다 낭패를 본 경우가 있을 것이다. 아마 이런 문제는 미리 입어보았더라면 생기지 않았을 것이다. 이에 대응해 빈티지 안경 '프레임몬타나'는 실제 안경 크기와 앞모습이 똑같은 종이안경을 만들어 신청 고객들에게 제공했는데, 반응이 좋아 고객들 사이에선 인증샷 콘텐츠로 자리 잡았다고 한다.[21] 완벽하게 일대일 맞춤 서비스를 해줄 수 없다면 항상 고객들의 눈높이에서 문제를 바라보고 해결하려는 노력이 중요하다. 소비자들마다 소화할 수 있는 능력이 다른 점도 눈높이 솔루션을 제공해주어야 하는 중요한 이유가 된다.

아침에 이메일을 열면 제대로 읽어보지 않은 뉴스레터들을 지우는 일로 하루를 시작하는 경우가 많다. 〈뉴욕타임스〉 뉴스레터 신청코

너[22]에 들어가 보면 신청할 수 있는 뉴스레터가 항목별로 수십 가지가 넘는다. 라이프 스타일 코너만 해도 요리, 트렌드, 달리기와 같이 세분화된 뉴스레터가 무려 11가지나 있다. 이렇게 눈높이에 맞춘 뉴스레터라면 읽지도 않고 삭제하는 일이 없을 것이다.

패션 뷰티업계의 돌풍인 '스타일쉐어'의 성공은 나에게 꼭 맞는 눈높이 맞춤이 라이프 스타일에서 절대적이라는 것을 잘 보여준다. 멋진 모델보다 나와 비슷한 사람들이 착용하고 SNS에 올리는 신발이나 옷에 대한 정보를 찾는 사람들이 많아졌다.

기술의 발전은 과거에 비해 자신을 표현하는 방식에 있어서 큰 혁신을 가져왔다.[23] 여기에 개인의 라이프 스타일 문제를 적극적으로 해결해주려는 노력이 라이프 스타일 브랜드와 비즈니스의 개인화에 날개를 달아주고 있다. 이것이 진짜 솔루션 혁신이다.

🎁 상품이 아닌 라이프 스타일 경쟁이다

소비자의 욕구를 충족시켜만 준다면 그 누구도 경쟁자가 될 수 있는 세상이다. 햄버거를 먹을 때 코카콜라의 경쟁자는 펩시콜라나 다른 음료수지만, 즐거움을 채운다는 의미에서 닌텐도 게임기도 경쟁자가 될 수 있다는 말이다. 이런 문제는 라이프 스타일 브랜드들에게 더욱 치명적으로 다가온다. 나를 표현하는 욕구를 충족시킨다는 점에서는 상품 군을 뛰어넘는 경쟁이 훨씬 빈번할 수밖에 없기 때문이다.[24] 상품보다는 라이프 스타일을 팔기에 더욱 그렇다.

무인양품에서 옷을 사는 소비자들은 디자인이나 기능에 대한 욕구보다 심플 라이프를 위해 옷을 구매했을 수 있다. 만약 요가나 명상학원을 등록해서 그러한 라이프에 대한 욕구가 채워진 소비자는 무인양품에서 더 이상 옷을 사지 않을 수 있다. 이렇듯 옷과 요가가 경쟁에서 전혀 관계없어 보이지만 같은 라이프 스타일에서 경쟁할 수 있는 것이다. 이런 의미에서 무인양품의 경쟁자는 힐링과 명상을 제공해주는 '고도원의 아침편지'가 될 수도 있다. 시장이 커진 만큼, 더 커진 경쟁을 감수해야만 하는 것도 라이프 스타일 브랜드의 몫이다.

라이프 스타일 시장이 커진다

라이프 스타일 소비가 확대된다는 것은 한마디로 나를 표현하는 시장이 커진다는 뜻이다. 사람들은 화장을 하고 옷을 입고 차를 타고 또 어디에서 누구와 관계를 맺으며 살아가는가를 통해 자신을 드러낸다. 실제 자아는 내 안에 있지만 다른 것들의 도움을 받아 나를 표현하는 것이다. 나를 표현하는 데 도움이 된 것들은 '확장된 자아extended self'가 된다는 점에서,[25] 라이프 스타일 시장은 '또 하나의 나'를 소비하는 곳이다. 공간과 상품이 핵심이다.

🎁 공간시장이 커진다

공간은 강력한 자아표현의 수단이다. 사람들은 더 이상 옷과 자동차만으로 자신을 드러내지 않는다. 카페는 일과 여가시간을 보내기 좋은 장소이며 호텔은 라이프 스타일을 즐기는 장소다. 미술관이나 박물관은 재충전과 쇼핑의 공간으로 발전하면서, '제3의 공간'들이 라이프 스타일 소비에 결정적으로 등장하고 있다.[26]

일을 위한 '제2의 공간'의 역할도 급격하게 바뀌고 있다. 본업 외에 다른 직업을 갖는 사이드 허슬러side hustler, 재택근무나 이동 중에 일을 처리하는 코피스coffice족이 늘었다. 다른 사람들과 함께하는 일들이 많아지면서 업무 공간도 바뀌고 있다. 일과 삶의 균형을 따지다 보니 업무 공간을 바라보는 관점도 라이프 스타일을 따져보게 된다.

'제1의 공간'인 집의 의미와 역할도 바뀌고 있다. 2017년 한 조사에 의하면 집은 가족의 공간보다 휴식의 의미가 더 컸으며 개인적인 공간으로의 역할도 커지고 있었다.[27] 1~2인 가구 형태가 주류로 자리 잡으면서 집은 나를 표현하는 적극적인 대상으로 진화하고 있다. 물론 집을 통해 표현하는 나는 당연히 가족을 포함한다. 몇 가지 흥미 있는 공간시장의 흐름을 짚어보자.

근거리 공간이 뜬다

쇼핑, 식사, 장보기를 위해 원거리를 헤매는 라이프 스타일은 저문다. 1인가구와 중·장년층 소비자들은 편한 소비를 위해 근거리를 찾는다. 대형마트보다 집 근처 슈퍼나 편의점, 백화점 식당가보다 동네 맛집을 찾는 소비자들이 늘어났다.

골목 공간이 뜬다

임대료 상승 문제, 취향을 저격하는 로컬 브랜드들의 등장, 노스텔지어 감정들이 맞물리면서 골목 공간을 찾는 소비자들이 늘었다. SBS 예능 프로그램 〈백종원의 골목식당〉은 이런 흐름을 보여준다. 늘어나는 골목 서점의 변신도 눈여겨볼 만하다.

공공 공간이 변한다

문화와 휴식, 지적탐구와 같은 제3의 공간에 대한 공공 공간의 역할이 커져야만 한다. 전시행정 위주의 공공시설에서 벗어나 지역 도서관, 박물관처럼 지역 밀착형 라이프 스타일 공간으로 변모해야 한다. 시민들의 지역 도서관 이용이 단순히 정보 이용이나 책 대출에만 쏠려 있는 점은 문제다. 시민들은 편안한 도서관의 모습을 바라는데 지금은 조용히 공부하는 도서관의 이미지가 크다.[28]

공유 오피스가 뜬다

1인 기업이나 스타트업을 대상으로 사무공간을 모아 임대해주는 공유 오피스가 주목받고 있다. 회의실이나 연습실을 빌려주는 공간 대여 사업이 늘었으며, 배달업체들을 대상으로 주방을 공유하는 공유 주방 모델도 있다. 공유 좌석제처럼 기존 회사의 공간 활용 방식들도 바뀐다. 독서실과 같은 전통적인 공간 사업들도 변신하고 있다.

이처럼 새로운 업무환경으로 자리 잡고 있는 공간 공유 개념은 몇 가지 특징이 있다. 첫째, 개인 사무공간보다 회의실과 같은 공동 사무 공간이 더 중요해졌다는 점이다. 하버드 경영대학원 조사 결과 미국 최고경영자들은 일주일 평균 62.5시간을 일했으며 그중 72%가 회의시 간이었다.[29] 둘째, 업무 공간에서 일과 휴식의 균형을 찾는 것이 중요 해졌다. 공유 오피스들은 잘 꾸며진 휴식공간과 운동공간을 제공해주 며 인기를 끈다. 메가스터디가 운영하는 '잇츠리얼타임'은 전통적인 노 량진 독서실의 형태에서 벗어나 공부와 문화, 휴식이 조화를 이룬다. 셋째, 공유 오피스나 공유 주방에 입주한 업체들 간의 교류다. 이는 공 간을 공유하는 것이 바로 사람과 아이디어가 소통하는 것임을 보여 준다.

집 안에서 나만의 공간이 중요해진다

우리 사회에서 집은 언제나 개인의 사회적 지위를 상징하는 대표적 인 수단이다. 이제 공간으로서의 집은 '어디에 사는가'에 못지않게 '어 떻게 사는가'가 중요해졌다. 그만큼 집을 꾸미는 홈퍼니싱 시장이 빠르 게 성장하고 있다. 집을 휴식을 취하는 나만의 공간으로 생각하는 사 람들이 늘면서 욕실 꾸미기, 게임·음악·영화 등과 같은 취미활동만을 위한 방 꾸미기, 홈카페 꾸미기와 같이 개인만을 위한 공간 연출이 중 요해지고 있다.

🎁 상품시장이 주목한다

새해를 맞이한 기분으로 주변을 돌아보면 유난히 눈에 들어오는 것들이 있다. 지난 1년 동안 나와 함께 많은 일들을 하며 수고해준 노트북, 커피를 가득 담고 출근길 운전석 옆에서 동행해준 텀블러는 마치 '또 하나의 나'와 같다는 생각이 든다. 나는 그것들을 가지고 무언가를 했으며, 1년이란 시간 동안 함께했기 때문이다.[30] 라이프 스타일 시장은 이렇게 나를 표현해주는 기능을 담은 상품들에 주목해야 한다.

정말 갖고 싶다, 상품 대신 굿즈

분명히 상품인데 굿즈goods는 보통 상품과는 달라 보인다. 아이돌에서 시작된 굿즈는 강력한 팬덤fandom을 가진, 좋아하는 콘텐츠가 담긴 상품을 부르는 말이 되었다. 특별한 경우에 한정적으로만 살 수 있다는 희소성이 더해지면서 소비자들은 굿즈에 의미를 부여하며 꼭 갖고 싶어 한다. 평창올림픽 기간에만 살 수 있던 평창 롱 패딩이나 수호랑 인형은 올림픽에 나도 참여한다는 의미를 더해주면서 희소성 있는 자기표현의 수단이 되었다.

브랜드들은 굿즈를 통해 소비자들과 감정적인 유대감을 강화하고 있다. 여행 중 커피전문점 '블루보틀'에서 구입한 텀블러는 볼 때마다 여행의 추억을 떠올리게 하고 (아직 한국에 매장이 없어서) 나만 가지고 있는 것 같다는 뿌듯함에 늘 가지고 다닌다. 평소 스타벅스 매장을 찾는 소비자들은 커피뿐 아니라 매장에서 판매되는 텀블러나 머그컵을 구

| 블루 보틀 ©Blue Bottle

입하면서 브랜드와 함께한다는 생각을 갖는다. 그렇게 갖고 싶은 굿즈는 나를 표현하는 또 다른 내가 된다.

내가 직접 만든다, DIY상품

여행사의 빅데이터 분석에 의하면 2019년 해외여행 트렌드 중 하나는 내가 직접 만드는 DIY^{Do It Yourself} 패키지라고 한다.[31] 기술을 배워서 가구나 소품을 직접 만들어 사용하거나, 인테리어 상품을 이용해 자신의 집을 직접 꾸미는 DIY형 소비자들은 라이프 스타일 소비의 진수를 보여준다.

이케아 매장을 찾는 소비자들은 예쁜 디자인에 가격도 저렴한 조립형 가구를 직접 마무리하는 수고도 마다하지 않는다. DIY 소비자들의 마음을 따라가보면 즐거움, 개인화, 쉽다, 경제적이라는 이유가 주를 이룬다.[32] 그뿐만 아니라 내가 권한을 갖고, 기술자가 된 것 같고, 다른 사람과 달라 보인다는 점에서 자아정체성을 채울 수 있다.[33]

물론 경제적인 이유 때문에 DIY 소비를 찾는 경우가 제일 많았다. 하지만 무엇보다 DIY를 찾는 이유가 '쉬워서'라는 점을 눈여겨볼 필요가 있다. 전문적인 기술을 배워서 하는 경우가 아니라면, 조립이나 마무리 정도를 스스로 하면서 즐거움을 얻고 싶다는 것이 일반적인 소비자들의 마음일 것이다.

환경을 생각한다, 그린상품

환경문제가 중요해지면서 그린상품에 대한 소비자들의 관심과 구입이 이전보다 확실히 많아졌다. 일회용 비닐봉투의 사용이 금지되면서 에코백을 이용하는 소비자들이 늘어났고, 친환경 소재나 용기를 활용하며 재활용도 중요하게 여기고 있다. 동물실험을 금지하고 자연주의를 강조하는 그린 브랜드도 늘어났다.

소비자들은 왜 그린상품을 구입하고 그린소비에 동참할까? 지구환경을 보호한다는 대의명분과 이타적인 마음이야 분명히 있겠지만, 그래도 보통의 소비자들에게 '그린'은 남들에게 보여주기 위한 소비와 관계가 있다.[34] 환경부 조사 결과를 보면 나와 가족의 안전을 위해서라는 마음이 제일 앞선다.[35] 감정으로 표현하자면 그린소비에 대해 자부심을 느끼거나 혹은 죄책감 때문에 그린소비에 나선다는 것이다. 한마디로 그린상품은 나와 가족을 위해서 열심히 노력하고 있고, 또 다른 누군가에게도 나는 멋진 인생을 살고 있다는 신호를 보낼 수 있는 자아표현의 적절한 수단이다. 요즘 라이프 스타일에도 알맞은 상품이다.

라이프 스타일과 소비 트렌드

🎁 통찰력 있게 바라보는 방법

라이프 스타일은 사람들이 살아가는 방식으로, 개인의 생각, 행동, 의견, 활용자원, 가치관 등을 측정해서 확인할 수 있다. VALS Values & Lifestyle는 개인의 최우선 동기와 가용자원을 기준으로 8개의 다른 라이프 스타일 세분집단을 제시했는데, 성취를 추구하는 사람들은 일과 가정에 관심이 많고 목표지향적인 삶을 산다고 한다.[36] 사람들의 라이프 스타일을 유형으로 구분해보는 것도 필요하지만, 조금 더 통찰력 있게 들여다볼 필요가 있다. 사람들의 살아가는 방식이 어느 날 갑자기 나타나거나 변한 것은 아니기 때문이다. '거시환경 변화 → 트렌드 변화 → 생활과 소비의 변화'로 이어지는 흐름을 통합적으로 살피다 보면 라이프 스타일을 바라보는 통찰력을 얻을 수 있다. 다음 4가지가 핵심이다.

거시환경 변화를 살펴라

모든 것에는 다 이유가 있다. 맨 앞에서 정치, 경제, 환경, 인구와 같은 거시환경의 변화가 서서히 라이프 스타일을 이끌어가고 있다는 점을 기억하자.

인구 문제를 살펴보자. 출산율의 급격한 감소와 기대여명의 연장으로 우리 사회는 급격히 초고령 사회로 진입하고 있다. 통계청 예측에서 65세 이상 인구 비중은 2020년 15.6%, 2030년 24.5%, 2060년 40.1%로 급속히 증가한다.[37] 1인가구는 2015년 이후부터 가장 많은 비중을 차지하고 있다. 4인가구가 제일 많았던 2005년에 비해서 불과 10년 만에 혼자 사는 사람들이 제일 많아진 것이다.[38] 혼밥과 혼술을 즐기는 라이프 스타일은 단지 사람들이 바빠서 생긴 것이 아니라 변화에 따른 자연스러운 모습이다.

트렌드를 살펴라

라이프 스타일이 관심을 받는 것은 어떻게 살아왔는가보다 어떻게 살아갈 것인지가 궁금하기 때문이다.[39] 이런 의미에서 다가올 미래의 모습인 트렌드에 대한 예상은 라이프 스타일에서 당연히 살펴볼 문제다. 불확실한 미래의 트렌드를 예상하는 것은 어려운 일이지만, 다행히도 매년 전문가들이 트렌드 예측자료를 내놓고 있어 좋은 참고가 된다. "미래는 어제 발생했다. 단지 그 사실을 알지 못할 뿐이다"라는 말처럼,[40] 트렌드는 내 눈앞에 나타나기 전에는 알기 어렵다. 마치 산 위에서 굴러오는 작은 눈덩이가 눈사태가 될지는 닥쳐봐야 아는 것처럼 말이다.

그래도 요즘 트렌드 자료들은, 매년 반복되다 보니 미처 알지 못하고 지나친 어제의 일들을 너무 늦지 않게 알려준다는 점에서 장점이 많다. 단, 너무 많은 트렌드 키워드들이 등장하는 만큼 나만의 관점에서 여러 키워드들을 연결해서 살펴볼 필요가 있다. 유튜브 동영상을 볼 때 서로 연결되어 있다고 느끼는 것이 요즘 젊은 세대다.[41] 연결된 세상에선 트렌드도 당연히 연결되어 있을 것이다.

사람들의 생활(관심과 여가)을 살펴라

라이프 스타일이 사람들의 활동, 관심, 의견의 반영이라는 점에서 세대별 관심과 여가시간을 살펴보는 것이 필요하다. 소비자행태조사보고서MCR; Media & Consumer Research에 따르면,[42] 세대별로 주요 관심사와 여가시간을 보내는 내용에는 차이가 있다. 내용은 다르지만 세대에 따라 관심사가 '개인→가족→개인'으로 돌아가는 것이 재미있다. 젊은 세대의 여가시간에는 가족이 없는데 중·장년층에는 가족이 있다.

소비자 관심사와 여가생활

구분	관심사 1순위	여가(평일) 1~3순위	여가(주말) 1~3순위
1318세대	학업성적	친구/TV/인터넷 서핑	친구/TV/게임
1929세대	취직	친구/TV/인터넷 서핑	친구/TV/잠 자기
3039세대	자녀양육	TV/친구/인터넷 서핑	가족/TV/친구
4049세대	재산증식(남)/자녀양육(여)	TV/친구/인터넷 서핑	가족/TV/친구
5059세대	건강	TV/친구/가족	가족/TV/친구
6069세대	건강	TV/친구/가족	TV/가족/친구

자료: 2018 소비자행태조사보고서(한국방송광고진흥공사)

소비를 관찰하라

라이프 스타일은 소비스타일이라는 점에서 소비자들의 구매 행동을 직접 관찰하거나 소비자들에게 인기 있는 상품들을 살펴보는 것이 필요하다. 백화점 가전판매 순위에서 공기청정기와 가습기가 인기인 것은 미세먼지와 같은 환경문제가 소비자의 삶에 직접 영향을 주고 있다는 증거다.[43] 편의점에서 가장 많이 팔리는 음료가 박카스와 비타500 같은 피로회복제[44]라는 것도 바쁜 일상의 단면을 보여준다. 소비자들은 자신들의 라이프 스타일에 대한 흔적을 하나씩 남긴다. 흔적들을 모아 조각을 맞춰보는 것도 퍼즐놀이처럼 재미를 준다.

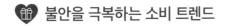 불안을 극복하는 소비 트렌드

거시환경, 트렌드, 관심과 여가, 소비에서 살펴본 우리들의 라이프는 한마디로 요약하면 '불안'이다. 지금 우리 모두는 불안한 삶을 살아가고 있는 것 같다. 뒷받침할 만한 몇 가지 이유들은 다음과 같다.

- 늙어가는 대한민국은 불안할 수밖에 없다. 혼자 사는 가구가 많은 것도 그렇다.
- 욜로, 워라밸, 뉴트로 등과 같은 트렌드 키워드에는 미래가 담겨 있지 않다. 현재의 불안한 심리를 대변해준다.
- 성적, 취업, 자녀, 재산, 건강 같은 사람들의 관심사들에도 미래가 안 보인다. 관심사이기보다 오히려 현재 걱정거리를 질문한 답을 모아놓은 것 같다.
- 공기청정기, 가습기, 피로회복제와 같이 구매에서도 (미세먼지를 포함한) 걱정이나 피로를 덜어내는 것들이 인기다.

그렇다면 불안한 라이프를 살아가는 소비자들은 이에 어떻게 대처하고 있을까? 요즘 소비 트렌드는 다음과 같다.

나를 위해 소비한다

작지만 확실한 행복을 선택하는 '소확행' 소비는 나를 위한 소비의 전형이다. 사람들은 불안할수록 불확실한 미래보다 현재를 선택하고 자신에게 집중한다. 1인가구가 중심이 된 거주환경도 자연스럽게 나를 위한 소비시장을 키우는 이유가 된다.

요즘 소비자들에게 '음식'은 작은 사치이자 행복의 대리다. 맛있는 음식을 먹고 동네 맛집을 탐방하는 일이 소확행의 대표 주자가 되었다.[45] 밥보다 비싼 커피와 달콤한 디저트를 먹으며 '괜찮아, 잘될 거야!'라며 스스로에게 말을 건네며 자존감을 찾는다. 인터넷 쇼핑몰에서 2018년 20대들에게 가장 많이 팔린 제품을 살펴보니 노트북, 닌텐도 스위치, 에어팟과 같은 개인 IT기기가 많았다.[46] 학업이나 취업 준비에 어려움을 겪고, 아르바이트에 힘이 들면서도 더 잘해야겠다는 다짐도 하고, 한편으론 노력한 자신을 인정하고 싶다. 그래서 몇 달 모은 돈으로 훌쩍 여행을 떠나 일상을 벗어난 특별함도 누려본다.

모두 확실한 행복을 위해 자기 자신에게 주는 선물이다. 자신의 마음과 이야기하고, 수고한 자신에게 대가도 주고, 한번쯤은 나도 특별하다고 생각해보고 싶은 것이 자신에게 선물하는 소확행 소비자들의 마음이다.[47] 한마디로 '난! 이 정도는 누릴 만한 사람이야'라는 것이다.

휴식 같은 소비

불안과 힐링은 자연스러운 조합이다. 라이프 스타일 소비에서 상품보다 집, 일터, 쇼핑과 같은 공간의 중요성이 강조되는 것도 이런 이유다. 공간은 기본적으로 휴식과 보호능력을 가지고 있어 힐링 소비에 안성맞춤이다. 그래서인지 복잡한 여행지보다 호텔을 선택하는 '호캉스족'이 늘었다. 유튜브에서 동영상을 시청하는 것도 젊은이들에게는

휴식의 의미가 크다. 휴식 같은 소비는 앞으로도 오랫동안 계속될 것
같다.

배려받고 싶다

불안하면 누군가에게 기대고 싶은 것이 인지상정이다. 소비자들도
마음으로 배려받고 싶어 한다. 매장에서 편하게 쇼핑하고 싶지만 옆에
있는 종업원의 관심이 부담스럽다. 모바일을 통해 쇼핑하는 소비자들
이나 무인매장이 늘어나는 것도 이유가 있다.

도움받고 싶은 것도 같은 맥락이다. 인플루언서의 추천이 영향력 있
고, 큐레이션 서비스가 각광받는 것도 모두 타인에게 배려받고 싶은
소비자들이 있기 때문이다. 2018년 미국 홀리데이 시즌 동안 아마존
에서 판매가 제일 늘어난 제품은 인공지능 스피커 '에코닷'이었다고 한
다.[48] 인공지능과 이야기하면서 배려받는 시대에 살고 있는 것이다.

기술은 소비자들의 감정 경험과 삶을 변화시킨다. 가상현실은 오감체험을 바꾸며, 인공지능과 로봇은 내 목소리와 얼굴을 알아보며 공감해준다. 그 덕분에 기업과 소비자가 상호작용하는 접점(MOT)이 스마트해진다. 4차 산업혁명을 맞이한 요즘, 기술은 소비자의 삶을 제대로 바꿀 것이다.

6장

감정과 라이프:
하이테크 하이터치

기술과 소비자

 기술의 실패

　미국의 한 스타트업 기업이 2018년 플라잉 카flying car의 예약접수를 받았다는 소식은 조만간 하늘을 나는 자동차를 만날 수 있을 거라는 기대감을 높였다. 이렇듯 사람들은 만화나 영화를 통해 기술이 펼쳐갈 새로운 세상을 상상해왔다. 1989년 개봉했던 영화 〈백 투 더 퓨처 2 Back To The Future Part 2〉가 상상했던 미래가 지난 2015년이어서 영화 속 미래와 현실을 비교한 것이 화제가 된 적이 있었다. 재미있게도 영화가 상상했던 2015년에는 현실과 달리 하늘을 나는 자동차가 등장하지만 스마트폰은 없었다. 이렇게 기술은 예상한 대로 또는 전혀 상상하지 못했던 모습으로 우리들의 생활을 바꿔놓는다.

그렇다고 기술이 언제나 성공하는 것은 아니다. 오히려 실패가 더 많았다. 1964년 AT&T가 선보인 영상전화 '픽처폰picture phone'은 실패했다. 5G 세상에서도 아직까지 음성이나 문자가 영상통화를 앞서는 것을 보면 픽처폰의 실패는 기술의 문제는 아닌 것이 확실하다. 오랜만에 반가운 가족 간 통화를 빼고는 딱히 상대방에게 내 모습을 보이고 싶지 않은 마음이 큰 것 아닐까?

운송수단의 혁신으로까지 칭송받았던 1인 전동차 '세그웨이segway'도 대중화에는 실패했다. 안전문제나 비싼 가격 등 이유야 복합적이겠지만, 무엇보다 출근길 양복 차림으로, 또는 눈이나 비가 오는 날 우산을 쓰고 타야 하는 모습은 별로다. 부족한 기능이나 사생활 침해 논란이 컸던 '구글 글래스Google glass'도 일반 소비자들에게 외면받았다.

이런 실패들을 보고 있자면 기술의 실패는 결국 일반 소비자들의 마음(감정)을 제대로 이해하지 못한 탓이 커 보인다. 〈백 투 더 퓨처〉 각본가인 밥 게일Bob Gale은 미래에 스마트폰이 등장할 것은 미처 예상하지 못했었다고 솔직하게 이야기하면서도 이런 말을 덧붙였다.

"드론으로 사진도 찍고 촬영도 하는 세상이 됐고, 영화에서처럼 드론이 강아지를 산책시키는 일은 아직 없지만 곧 그런 일도 현실에서 벌어질 것 같다. 그럴수록 기술의 발전에 따라 걱정도 많아지는 게 사실이다."[1]

가상현실, 로봇, 인공지능처럼 그 어느 때보다 새로운 하이테크 기술 high technology로 무장한 상품들이 우리 곁으로 성큼 다가오고 있다. 그러나 가상현실보다는 직접 보고 만지는 오감이 익숙하고, 로봇보다는 종업원의 서비스가 편하고, 알파고에 맞서는 이세돌을 응원하는 것이 아직은 당연하다고 생각하는 것이 우리들이다. 같은 기술이라도 디지털 카메라보다는 아날로그 기술인 폴라로이드 카메라가 더 감성적으로 보이는 것도 마찬가지다.

많은 기술들이 사람 곁에 쉽게 다가오지 못한 것은 복잡하기 때문이다.[2] 복잡해서 신경 쓸 게 많아지다 보면 밥 게일이 말한 것처럼 걱정이 많아진다. 가상현실 영화는 오래 보면 어지럽지 않을까 두렵고 로봇 서비스는 제대로 작동할지 불안하다. 이런 두려움이나 불안한 마음을 해결하지 못한다면 기술은 그저 기술일 뿐이다.

🎁 패러독스 소비자

두려움과 불안은 자동차를 샀을 때 고장은 없을지, 새로 산 아이 용품이 안전한 것인지 등 일상생활에서 느낄 수 있는 불편함과 긴장감이다. 그런데 기술시장에서 소비자들이 느끼는 두려움과 불안은 조금 독특한 구석이 있다. 가상현실 기술이나 로봇 서비스는 신기하고 좋으면서도 동시에 두렵고 불안하다. 기술이 가져다주는 패러독스 paradoxes of technology 현상이다. 마치 어떤 것도 뚫을 수 있는 창과 어떤 것도 막을 수 있는 방패가 있다는 말처럼 앞뒤가 서로 일치하지 않는 모순된 감정이다.

기술이 소비자들에게 안겨주는 패러독스는 다양하다.[3] 새로 산 스마트기기는 얼마 지나지 않아 후속제품 때문에 바로 구식이 되어 버린다. 스마트폰은 멀리 떨어져 있는 다른 사람과 나를 언제든지 연결해줄 수 있는 편리함을 제공하지만, 잠시라도 손에서 놓지 못할 정도로 강한 중독성도 갖고 있다. 쓰는 기능들은 잘 쓰는데 자꾸 추가되는 복잡한 기능들이 혼란스럽다. 새로 산 노트북은 업무능력을 향상시켜주지만 업데이트된 윈도우가 날 힘들게 한다. 손님들을 치른 후 수북이 쌓여 있는 설거지 앞에서 식기세척기는 효율적이지만 간단한 식사 후라면 시간이 오래 걸려 오히려 비효율적이다. 손안의 스마트폰만으로도 충분히 편리했는데 새로 등장한 인공지능 스피커를 어느새 또 쳐다보게 된다. 재미를 위해 게임을 하지만 어느새 게임에 휘둘리는 혼란스러운 느낌이 든다. 카카오톡이나 페이스북에서 친구들과 함께하면서도 문득 소외감을 느낀다. 기술은 이렇게 양면적인 두 얼굴로 소비자들을 만나고 있다.

결국 소비자들의 선택은 세 갈래 길에 놓이게 된다. 두려움이나 불안쯤이야 무시하고 바로 받아들이거나 아니면 아예 거부 혹은 한참 후로 선택을 미룰 수도 있다. 새로 나온 스마트폰을 바로 구입하지 않거나 아직까지 집에 로봇청소기나 인공지능 스피커를 하나쯤 들여놓지 않은 사람들이라면, 대체로 선택을 미루고 있는 유형이다. 많은 사람들이 그렇다. 혁신적인 기술과 상품들은 시장에서 다수 소비자들에게는 환영받지 못하고, 새롭다는 이유에 열광하는 소수의 이노베이터 innovator나 얼리어답터early adopter들에게만 그치고 마는 경우가 많다. 이렇게 대중화에 실패한 기술과 상품들을 두고 소수와 다수 사이의 커다란 간격을 극복하지 못한 채 캐즘chasm; 제품이 아무리 훌륭해도 일반인 들이 사용하기까지 넘어야 하는 침체기에 빠졌다고 말한다.[4]

물론 두려움과 불안을 넘어섰다고 끝난 것은 아니다. 제품을 사용하 면서 느끼는 좋은 감정들(행복함, 즐거움, 짜릿함, 자부심 등)이 결국에는 좋은 평가로 이어지고 기술과 혁신적인 상품을 확산시키는 것이다. 물 론 사용하면서 당황하거나 지루하거나 또는 화가 난다면 확산에는 부 정적이 된다.[5] 기술이 소비자들과 만난다는 것은 결국 감정을 만나는 일과 같다.

🎁 기술이 감정을 만나다

기술은 어떻게 소비자들의 감정을 만나게 될까? 감정을 지원하거나 이해하는 방식으로 기술은 소비자들의 경험을 바꾸어 놓는다.

감정지원

우선 기술은 소비자들의 감정 경험을 더욱 풍성하게 해준다. 평창올 림픽 밤하늘에 선보였던 오륜기 드론쇼는 어떤 이벤트보다도 사람들 을 흥분시켰고 행복하게 만들었다. 홀로그램 기술로 우리 곁에 돌아온

유재하의 〈지난날〉은 시공간을 넘어선 현재감telepresence과 감동을 선사한다. 에이미 와인하우스Amy Winehouse는 홀로그램 투어로 그녀를 떠나보낸 팬들과 다시 만날 예정이다.

기술은 소비자들의 걱정을 덜어주는 방법으로도 감정지원에 나선다. 패션매장에서 소비자들은 옷을 입어보지 않아도 '디지털 미러'를 통해 착용한 모습을 볼 수 있다. SNS로 사진 전송을 통해 친구들의 반응까지 미리 확인한다. 얼굴과 맞는 헤어스타일 추천(헤어핏)이나 신발 사이즈 확인(펄핏)처럼 기술은 다양한 영역에서 소비자들이 미리 경험해볼 수 있도록 도와주며 걱정을 줄여준다. 오감인식 기술은 보다 직접적으로 감정 경험을 지원한다. 얼굴인식 기술, 음성인식 기술, 청각 웨어러블 기기, 현저히 빨라질 촉각인터넷, 인공 손, 전자 코와 같은 오감인식 기술의 발전은 소비자들의 감정 경험을 한층 넓혀줄 것이다.

감정이해

오감인식 기술은 한발 더 나아가 상대방과의 관계에서 감정을 이해하는 방향으로 발전한다. 얼굴과 음성인식은 상대방의 표정에서 감정을 읽어내는 기술로 발전한다. 센서의 기술 향상과 함께 빅데이터, 사물인터넷 등의 기술을 활용한 스마트센서의 발전이 가속화되고 있다.[6] 인공지능AI을 활용한 학습(딥러닝) 기술이 더해지면서 감정을 이해하고 반응하는 사물과 로봇의 시대가 성큼 다가오고 있다.

기술이 감정을 지원하고 이해하는 시대가 반드시 소비자들의 경험을 긍정적으로 바꾸는 것은 아니다. 기술 격차로 인해 상처받는 소비자들도 많아질 수 있다. 오랜만에 KFC에서 햄버거를 주문하려 하니 현금 주문을 제외하고는 전부 무인계산대를 이용해야만 했다. 젊은 소비자들에게는 익숙하고 당연한 것들이지만 연령대가 높은 소비자들은 디지털 능력에 따라 반응이나 적응 속도에 차이가 있을 수밖에 없다.

기술이 전부 하이테크일 필요는 없다. 전기가 없는 시골에서 간단히 음식을 저장할 수 있도록 고안된 냉각장치 항아리나 자전거 동력을 활용한 급수펌프처럼, 꼭 필요한 만큼의 적정기술appropriate technology만으로도[7] 소비자들의 감정과 경험은 충분히 바뀔 수 있기 때문이다.

기술이 소비자들을 만나기 위해서는 제각각인 소비자들의 라이프를 이해하고 마주해야만 한다. 그래야 제대로 된 진짜 기술과 감정의 만남이라고 할 수 있다.

기술과 감각 마케팅

 기술이 오감 마케팅을 바꾸다

클릭만으로 구매에 대한 확신이 들지 않을 때는 직접 매장에 나가 제품을 보거나 만지면 의외로 쉽게 결정된다. 보고(시각), 듣고(청각), 냄새 맡고(후각), 만지고(촉각), 또 맛을 느끼는(미각) 5가지 감각, 오감五感의 힘이다. 감각은 감각기관[8]으로부터 신호를 받아들여 뇌에서 처리하는 과정으로, 오감에 직접 호소하는 감각 마케팅을 통해 소비자들의 감정 경험이 달라진다. 이런 영역에서 특히 기술의 역할이 놀랍도록 커지고 있다.

사물인터넷 IoT; Internet of Things

사물인터넷은 일상의 모든 사물들이 인터넷과 연결되면서 오감 경험의 주체를 뒤바꿔 놓는다. 소니의 강아지 로봇 아이보가 사람들의 얼굴을 알아보고 표정으로 반응해주는 것도(시각), 아마존 AI 스피커인 알렉사가 부탁을 듣고 음악을 틀어주는 것도(청각), 무인카페에서 로봇 바리스타가 커피를 타고 날라주는 것도(미각·촉각), 필요한 공간에 맞춤 향기를 뿌려주는(후각) 스마트 디퓨저가 등장한 것도 모두 사물인터넷 덕분이다. 사물인터넷이 모든 사물에 오감 능력을 부여하는 마법을 부리고 있다.

햅틱 haptic

소비에서 제품을 만져보는 것만큼 강력한 영향력도 없다. 직접 만지는 데서 오는 감각적인 피드백 haptic sensory feedback이 '내 것'이라는 소유의식과 함께 좋은 감정을 심어주기 때문이다.[9] 이런 의미에서 제품을 만져볼 수 없는 인터넷 세상은 분명히 기업에게는 위기이자 도전이다.[10]

다행히 손과 피부로 느끼는 디지털 촉각기술인 햅틱이 새로운 기회의 장을 열어가고 있다. 세계적인 유리 제조기업 코닝이 보여주는 '유리와 함께하는 하루 a day of made of glass'[11]는 스마트폰, 키오스크, 자동차, 쇼핑, 그리고 집 안 곳곳에 이르기까지 '터치'[12] 하나로 가능해지는 햅틱 인터페이스 세상이 열리고 있음을 느끼게 해준다. 위험상황에서 운전자에게 진동으로 경고해주는 '햅틱시트'가 장착된 자동차와 웨

A Day Made of Glass 2: Unpacked. The Story Behind Corning's Vision. (2012)

❚ 유리와 함께하는 하루 ©www.corning.com

어러블 기기까지, 햅틱은 다양한 시장으로 확대되면서 새로운 촉각경
험을 제공하고 있다.

가상현실VR; Virtual Reality과 증강현실AR; Augmented Reality[13]

가상현실VR과 증강현실AR 기술이 발전하면서 쇼핑에서 제품을 직접
보거나 만져볼 수 없다는 것은 더 이상 큰 문제가 아니다. 헤드셋만 끼
면 언제 어디서나 제품을 돌려보고 만져보는 감각 체험이 가능해지기
때문이다.

중국 최대의 전자상거래 업체 알리바바의 인터넷 쇼핑몰 타오바오는
마이크로소프트와 손잡고 '타오바오 마이아taobao maia'를 선보인다고
한다. 무인 공간에서 소비자들이 헤드셋을 착용하고 입장하면 모든 제

품들이 홀로그램으로 나타나는 것이다. 자신이 원하는 제품을 실제처럼 감각적으로 체험하고 구매할 수 있다.

코카콜라는 증강현실 기술을 이용해 '마실 수 있는 광고'를 선보였다. 증강현실 광고를 통해 콜라 한 잔을 마시는 감각 경험을 하면 모바일로 공짜 콜라 쿠폰이 주어진다. 기술을 통한 가상의 감각 체험이 실제 감각 체험으로까지 이어지고 있는 세상이다.

🎁 기술과 오감의 콜라보 효과

기술이 오감을 만나면 구체적으로 어떤 효과를 기대할 수 있을까? 먼저 스토리텔링 효과에 주목해보자. 삼성전자는 갤럭시8을 출시하면서 뉴욕 타임스퀘어 광장의 옥외 광고판들을 푸른색 갤럭시 화면으로 설정한 '디지털 사이니지digital signage' 광고를 선보여 화제를 모았다. 뉴욕 한복판에서 마치 푸른 바닷속을 헤엄쳐 다니는 한 편의 고래 이야기를 보는 듯했다.

가상현실을 통해 이야기 전달의 힘은 더욱 커진다. 혼자 식사하면서도 가족과 함께 있는 것이 가능하고, 가보지 않은 유명 여행지에서의 식사도 가능해진다. 이처럼 단순히 시각적으로 보여주는 것이 아니라 움직이고 상호작용하면서 기술은 감각의 스토리텔링 효과를 극대화시켜준다.

우리 몸을 통해서 경험한 감각은 생각에도 영향을 미친다. 체화된

인지embodied cognition라고 하는데, 사람들이 여름보다 겨울에 로맨틱 영화를 더 찾는 것도 실은 몸으로 추위를 느끼는 것이 심리적으로 따뜻한 대상을 찾게 만들었기 때문이다.[14]

그리고 기술을 통한 감각 경험은 우리 몸에 체화embodiment를 더욱 강하게 할 수 있다.[15] 헤드셋을 끼고 가상현실을 마주하다 보면 내 몸이 마치 그 안에 있는 것 같은 느낌이 강하게 온다. 가상현실이 재활치료에 효과적으로 사용되는 것도 기술을 통한 감각 경험이 체화를 강력하게 지원하기 때문이다. 우연히 헤드셋을 끼게 된 타조가 꿈을 갖고 하늘을 날게 되는 모습을 재미있게 감동적으로 표현했던 갤럭시의 '불가능을 가능케 하라do what you can't' 광고를 보고 있자면, 기술을 통한 감각이 우리의 생각을 바꾸는 것은 너무나 당연하게 보인다.

기술을 통한 감각 경험은 유용성과 즐거움을 높여주는 효과가 있다.[16] 증강현실 기술을 활용한 하겐다즈의 '콘체르토 타이머' 캠페인은 스마트폰으로 아이스크림 뚜껑을 비추면 연주자들이 나와 음악을 연주하는 증강현실을 세계를 보여준다. 2분의 기다림을 통해 아이스크림을 맛있게 먹는 방법과 즐거움을 동시에 선사한다.

물론 기술을 통한 감각 역시 오감을 동시에 활용할 때 그 효과는 더 커진다. 영화 <보헤미안 랩소디>를 제대로 즐기기 위해서는 일반 상영관보다 삼면을 활용한 스크린X가 제격이었다. 시각과 음악이 함께 어우러지면서 전달되는 마지막 웸블리 스타디움의 공연 장면은 마치 내가 콘서트장에서 함께하고 있다는 느낌을 준다.

시각뿐 아니라 촉각이나 후각(향기)과 같은 다른 감각들이 더해지면서 가상현실과 증강현실 기술의 쓰임새는 영화, 게임, 스포츠, 의료와 같은 산업은 물론 휴식과 같은 일상의 작은 체험으로까지 더욱 확대될 것이다.[17]

🎁 몰입과 감정 경험

막상 VR이나 AR 체험을 해보면 어떤 것들은 그저 기술이 적용되었을 뿐 감흥이 없는 경우도 많다. 롯데월드의 자이로드롭이나 에버랜드의 T익스프레스처럼 지금까지 테마파크의 얼굴마담은 주로 짜릿한 코어 어트랙션이었다. 현재 미국 올랜도 디즈니월드에 있는 애니멀킹덤에서는 '판도라: 더 월드 오브 아바타'가 가장 인기 있는 어트랙션이다. 가상현실 기술을 이용해 영화 〈아바타Avatar〉의 한 장면을 그대로 재현한 것인데, 헤드셋 기기를 쓰는 순간 한마디로 "와우!", 내가 영화 속에 그대로 들어와 있는 느낌에 감동이 몰려온다. 게임이나 이벤트에서 종종 접하는 가상현실을 보면서 그저 신기하고 재미있다 정도였는데, 아바타를 접한 이후로 가상현실 기술에 대한 생각이 완전히 바뀌었다. 역시 기술만의 문제는 아니었다. 가슴 떨림이 없는 콘텐츠가 문제였던 것이다. 기술이 감정이라는 옷을 입지 않는다면 그저 기술에 불과할 것임을 다시 깨닫는다.

반대로 지나치게 무섭거나 두려운 경우도 있다. 대표적으로 VR영화나 VR게임은 노출에 따른 신체적인 부적응이나 환상, 공포와 같은 부

▌ 판도라: 더 월드 오브 아바타 ©disneyworld.disney.go.com

정적인 반응이 나타난다.[18]

　결국 기술이 오감 마케팅에서 풀어가야 할 과제는 얼마나 혁신적인 기술인가보다 얼마나 이용자들의 감정 경험을 긍정적으로 변화시키는 가다. 바로 몰입이 주는 즐거움이 필요하다는 말이다.[19] 이러한 몰입은 사람과 기술이 상호작용하는 환경에서는 이용자들의 주관적인 체험의 질을 좌우하는 결정적 한방이 된다.[20] 이용자들에게 던져진 도전감과 실력을 잘 고려했는지가 중요하다. 사람들은 자신의 실력보다 낮은 과 제에는 대체로 권태롭거나 느긋해한다. 반대로 실력보다 주어진 과제 가 어렵다면 걱정하고 불안해한다. 둘 다 낮다면 무관심인데 모두 좋 은 체험이라 말할 수 없다.

　최적의 체험은 바로 실력이 높아진 상태에서 높은 과제를 만날 때라 고 한다. 이런 경우 사람들은 자신의 실력을 다 쏟아부으면서 물 흐르

듯 자연스럽게 빠져드는 몰입의 즐거움을 경험하는 것이다. 그런 감각
경험은 당연히 성공할 수밖에 없다.

디지털 공감능력

오감을 스캐닝하다

감각시장에서 빅데이터와 사물인터넷을 활용한 스마트센서 기술이 발전하면서 오감을 스캐닝하는 시대가 되고 있다. 오감스캐닝은 상대방의 의도를 사전에 파악해 대응하는 맥락인식context awareness 기술을 활용한다는 점에서 디지털 육감sixth sense으로 불리기도 한다.[21] 기존 환경에서는 아무리 맞춤형이라도 실제로는 이용자가 자신의 요구에 맞게 정보를 미리 알려주었거나 필요한 것을 선택해서 사용하는 정도였지만, 디지털 육감으로 무장한 스마트 기기들은 이용자의 요구를

알아서 파악하고 대응한다.[22]

음악 추천 서비스를 생각해보자. 기존에는 이용자들이 자주 구입했던 음원이나 들었던 감상 이력 정도에만 의존해서 추천을 제공했었다. 이제는 인공지능을 기반으로 음악 추천이 더 정교해졌다. 만약 여기에 이용자의 얼굴 표정이나 기분을 인식하는 기술이 더해진다면, 비 오는 날이나 연인과 헤어져 우울할 때 인공지능 스피커가 내 얼굴과 목소리를 통해 감정을 이해하고 집 안에 들어서는 순간 알맞는 음악을 알아서 들려줄지도 모른다. 집에 스마트한 친구 한 명과 함께 사는 셈이다.

오감 인식으로 무장한 스마트한 사물들은, 그래서 소비자와 사물의 관계를 본질적으로 변화시킨다.[23] 기존의 소비자와 제품, 브랜드와의 관계는 따지고 보면 일방적인 부분이 컸다. 내가 코카콜라와 관계를 맺는다고 해도 실제 코카콜라가 나에게 먼저 말을 걸었다거나 어떤 인간적인 반응을 보내온 것은 아니다. 단지 내가 코카콜라를 (의인화해서) 친구처럼 찾았으며 오랜 시간 좋아하며 관계를 맺어온 것이다.

그런데 스마트 사물들은 조금 다르다. 아마존의 인공지능 알렉사는 내 목소리를 인식해서 음악을 틀어주고 방 안의 전등을 밝혀준다. 실제 사람처럼 능동적으로 먼저 반응하고 나와 관계를 맺는다. 게다가 이 친구는 나에게 음악기기나 전등과 같은 다른 친구들(사물)까지 소개시켜준 셈이다. 물리적으로 떨어져 있는 다른 가족들도 얼굴을 보며 같은 음악을 들으면서 나와 알렉사의 관계에 동참할 수 있다. 똑똑한 사물이 바꾸어 놓은 소비자와 사물의 새로운 관계가 시작되고 있는 것이다. 아마 그 결정판은 인공지능과 인간의 영원한 로망, 로봇이 아닐까 싶다.

🎁 인공지능과 로봇시대

마케팅에서는 언제나 소비자들의 맥락을 이해하는 일이 중요했다. 전통적으로 소비자들의 시간time, 장소place, 상황occasion에 따라 차별적인 고객 가치를 제안하는 TPO 마케팅이 자주 활용되었다. 개인화나 맞춤 마케팅도 언제나 동경의 대상이어서, 소비자들에게 선택권을 줌으로써 맞춤 효과를 기대하는 대량 맞춤mass customization도 인기였다.

이제 이러한 맥락 인식과 고객 맞춤에 대한 기대가 인공지능의 도움으로 비약적으로 발전하고 있다. 기업과 마케팅에서 인공지능이 쓰이는 과정은 '빅데이터-딥러닝-맥락-추천'의 과정이다. 실시간으로 얻은 정보들(빅데이터)을 분석하며 학습해서(딥러닝), 고객들의 상황이나 시간, 또는 날씨에 맞게(맥락) 추천(맞춤)을 제공한다는 의미다.

"샬롯, 겨울에 입을 옷 중에 드라마에 자주 나오는 걸 사고 싶은데 추천 좀 해줄래?" 롯데쇼핑의 인공지능 챗봇인 '샬롯'을 이용한 가상의 모습이다.[24] 목소리로 쇼핑하는 '보이스 쇼핑'도 어느새 우리 옆에 와 있다. 물론 기업은 가능하면 고객들의 음성이나 표정을 통해 감정까지 이해하고 대응하고 싶어 한다.

인공지능이 펼쳐갈 미래가 궁금하고 기대되면서도, 한편으로는 인공지능이 있다고 모든 것이 기대한 만큼 잘 될지는 모르겠다. 그래서 일단 완벽한 고객 맞춤에 신경을 쏟기보다는 필요한 고객들의 문제 해결에 먼저 집중하는 것이 어떨까 싶다. 냉장고에 아직 남아 있거나 불필요한 것을 되풀이해서 사고 있는 나를 보면, 현명하지 못한 나를 좀 인공지능이 막아주었으면 하는 바람이 크다. 나와 취향이 비슷한 사람들을 대상으로 분석하고 추천하는 것이 효과적이라는 점도 기억하자.

페퍼, 리보 vs. 브라바, 비트

혹시 어떤 이름들의 조합인지 짐작이 가는가? 예상대로 모두 로봇이다. 그런데 페퍼는 일본 소프트뱅크가 만든 감정 로봇이고 리보는 성균관대 도서관에 배치된 안내 로봇이다. 주로 사람들과 상호작용하면서 일을 해서인지 사람을 닮은 휴머노이드humanoid 로봇이다. 반면 브라바는 로봇 청소기이고 비트는 로봇 바리스타다. 물론 사람을 전혀 닮지 않았거나 로봇 팔 형태다.

사람을 닮은 로봇과 닮지 않은 로봇 중 어느 쪽이 더 효과적일까? 최근 로봇 연구에서 흥미를 갖는 질문이지만 아직까지 딱 떨어지는 정답은 없어 보인다. 사람을 닮은 로봇에 대한 이용자의 감정반응이 조금 더 긍정적(덜 부정적)이라는 연구 결과가 있지만, 이 또한 유의미한 차이는 아니다.[25]

그렇다면 질문을 이렇게 바꿔보겠다. 사람들은 어느 쪽 로봇을 더 좋아할까? 개인적으로는 사람을 닮은 로봇에 한 표를 던진다. 만화에서도 로봇 찌빠가 친근했었고 아톰이 좋았다. 〈스타워즈Star Wars〉 영

▌로봇 페퍼 ©소프트뱅크   ▌비트커피 ©달콤커피

화에서도 'R2-D2'보다는 사람을 닮은 'C-3PO'에 마음이 더 갔다. 작업 현장에 등장한 로봇 팔을 보면 로봇이라기보다 단지 힘이 센 기계로 보인다. 적어도 어린 시절부터 상상하던 마음속 로봇은 사람을 닮았다.

🎁 디지털 공감의 실체

넓게 보면 디지털 공감능력이란 디지털 매개체를 통해서 사람들 사이의 공감이 도움을 받는 것이다.[26] "아버님 댁에 보일러 놓아드려야겠어요!"라는 광고가 히트한 시절에는 보일러가 부모님 안부를 걱정하는 자식의 아날로그 공감의 매개체였다면, 이젠 사물인터넷과 스마트폰 앱이 매일 아침 부모님의 안부를 챙기고 확인하면서 자식과 부모 사이의 디지털 공감을 키워준다. 디지털 기술의 도움으로 멀리 떨어져 있는 환자들의 얼굴과 건강상태를 화상으로 확인하며 진료하는 원격의료도 이런 디지털 공감이 필요한 영역이다.

그런데 오감 스캐닝과 같은 맥락인식 기술이 활용되면서 이러한 디지털 공감도 사물이 직접 사람에게 공감해주는 능력으로 진화하고 있다. 과연 사람들은 인공지능이나 로봇에게 어떤 공감을 기대할까? 미국의 시장 조사 기관 가트너Gartner에 의하면 사람들이 인공지능을 이용하는 주된 동기는 시간과 돈의 절약, 그리고 정보 이용의 접근성이 우선이었다. 재미나 우정을 쌓는다는 의견은 상대적으로 적은 것을 보면 사람들이 원하는 인공지능과의 관계는 상당히 실용적이다.[27] 그래서인지 정보 노출에 대한 걱정이 컸고 나의 감정까지 알아채는 것은 별로 바라지 않는 사람들이 많았다.

인공지능 로봇과 사람을 구별 짓는 가장 큰 특징은 아마 감정일 것이다. 실제 사람들은 인공지능과 사람을 구별하는 단어로 '사랑'을 가장 많이 꼽았으며 감정에 대한 단어들이 예상대로 제일 많았다.[28] 결국 우리는 인공지능과 로봇이 똑똑하다고 생각하므로 나를 좀 편하게 도와주길 바라면서도 감정을 교류하는 친구가 되는 것만은 분명히 두려워하는 것 같다. 이런 의미에서 오감 스캐닝이 만들어가는 신新 디지털 공감의 본질은 '스마트한 실용'이다.

스마트 MOT

기술이 소비자의 경험을 바꾸어 놓는 모습은 서비스를 이용하다 보면 분명하게 알 수 있다. 사람들은 은행이나 ATM보다 모바일뱅킹과 간편송금 앱(토스)을 이용한다. 스타벅스에서 커피를 기다리지 않고 모바일 앱(사이렌오더)으로 미리 주문하고 받아간다. 패스트푸드의 주문은 무인계산대(키오스크)를 이용하고, 서점에서는 직원을 찾기보다 검색을 이용한다. 서비스를 이용하는 짧은 순간의 경험들이 바뀌고 있는 것이다. 주로 고객과 기업(직원)이 상호작용하는 순간들이었지만 이제는 기술이 많은 것들을 변화시키고 있다. 이런 순간들은 서비스의 모든 것을 좌우할 만큼 중요하다는 의미를 담아 진실의 순간MOT;

Moment Of Truth이리고 불러왔다. 이 진실의 순간들이 기술의 옷을 입고 똑똑하게 변하고 있다. 바로 스마트 MOT다.

🎁 온디멘드의 현장

토요일 점심, 가족들과 외식을 하려고 집을 나선다. 난 한식이 좋은데 아이들은 베트남 쌀국수를 원한다. 맛집을 검색해서 찾아갔더니 1시간을 기다려야 한다.

서비스를 이용하다 보면 흔히 겪는 장면이다. 고객들이 필요할 때 서비스를 바로 제공한다는 주문형 방식인 '온디멘드on demand'가 이런 모습들을 혁신적으로 바꾸고 있다. 모바일 환경에서 기술을 기반으로 서비스의 수요와 공급의 불균형이라는 근본적인 문제를 해결한 스마트 MOT의 대표주자다.

고객의 눈으로 시장을 본다

온디멘드의 핵심은 고객의 시선에서 필요한 서비스를 바라본다는 점이다. 한식과 쌀국수는 같은 식당에서 해결하기 어렵다. 따로 배달을 하면 되지만 전단지나 검색만으로는 주문할 곳이 제한적이다. '배달의 민족'은 이러한 고객의 필요를 정확히 알아챘다. 배달 가능한 모든 전단지를 한곳에 모아 놓아 쉽게 주문할 수 있도록 한 것이다.

콘텐츠를 소비하는 것도 고객의 입장에서는 완전히 바뀌었다. 이제 소수의 콘텐츠나 다채널 환경만으로는 부족하다. 내가 원할 때 보고 싶은 것을 본다. 넷플릭스와 유튜브가 엄청난 콘텐츠로 온디멘드를 제공하는 방식이다.

딜리버리 혁신이다

서비스는 고객이 방문하거나 아니면 고객을 찾아가는 방식이다. 온디멘드는 고객을 찾아간다는 점에서는 같지만 딜리버리의 혁신을 가져왔다는 점에서 기존과는 많이 다르다. 찾아가는 속도뿐 아니라 고객이 원할 때, 원하는 장소에, 원하는 방식으로 찾아간다.

아마존은 유료 프라임 회원들을 대상으로 고객들이 없는 편한 시간에 집에 들어가 배송이나 도우미 서비스를 제공한다(key 서비스). 고객들의 경험치를 높여온 아마존 배송 혁신의 연장선이다. 온라인 패션 플랫폼인 '스티치 픽스stitch fix'는 고객들에게 패션 상품을 미리 배송해 3일간 경험하게 한 후 나중에 구매를 결정하는 방식이다. 인공지능과 전문가들의 안목을 바탕으로 스타일을 제안하는 큐레이션 맞춤과 정기적으로 고객들을 찾아가는 방식인 구독 서비스를 겸비했다. 온디멘드는 스마트한 딜리버리다.

핵심가치 창출이다

모바일 시대에 온디멘드는 유행어처럼 쓰인다. 음식 배달, 청소, 세탁과 같은 다양한 생활 서비스로 소비자들의 삶에 파고들었지만 모두 성공하는 것은 아니다. 모바일을 통해 주문하면 찾아온다는 편의성에만 기대는 온디맨드는 살아남을 수 없다. 그만큼 경쟁자들도 쉽게 뛰어들 수 있기 때문이다.

'마켓컬리'는 단순히 가정간편식을 배달하는 것이 아니라 새벽 배송(샛별 배송)이라는 새로운 고객 가치를 창출했다. 스마트폰으로 의사와 환자의 진료를 연결시켜주는 '닥터 온 디맨드'는 가벼운 질병을 중심으로 처방전을 발급해주는 서비스에 집중했다. 온디맨드의 대표주자인 '우버'도 단순히 차량(택시)을 예약하고 부른 것이 아니다. 그런 방식은 기존의 콜택시나 지금의 카카오택시처럼 많았다. 차량 공유를 통해 운송 서비스의 혁신을 가져왔다는 점이 핵심이다.

🎁 무인매장 시대

요즘 주목할 만한 트렌드로 '언택트untact' 마케팅이 꼽혔다.[29] 매장에서 소비자들이 직원들과 접촉을 꺼리면서 비대면 마케팅이 늘어난 것으로, 무인매장을 상상해보면 될 것이다. 시카고에서 시범적으로 운영되던 '아마존GO'는 반응이 좋아 최근 2호점을 열었으며, 중국에서도 24시간 무인편의점인 '빙고박스'가 빠른 속도로 성장하고 있다. 한국도 완전한 무인매장은 아니어도 주문 결제나 재고 확인과 같은 매장에서의 여러 활동들이 무인 시스템으로 변해가고 있다. 고객과의 접점이 스마트하게 변해가고 있는 가장 확실한 모습이다.

| 아마존GO

무인매장은 과연 소비자들에게 어떤 가치를 제공할까? 사람과의 접촉이 없는 것만으로는 셀프서비스self-service와 크게 다르지 않다. 셀프서비스 기술SST; Self-Service Technology [30]만으로도 고객들에게 만족을 줄 수 있기 때문이다. 아마존GO 광고에는 "줄이 없고, 나갈 때 계산이 없어, 편하다no lines no checkout no seriously"라는 문구가 등장한다. 고객이 앱을 켜고 매장에 들어가서 제품을 담기만 하면 자동으로 인식해서 미리 등록된 카드로 결제가 청구된다. 만약 매장은 무인인데 셀프계산대 앞에서 내가 직접 하나씩 바코드를 읽혀야 한다면? 게다가 줄도 서야 한다면? 그런 무인매장이라면 절대 사양이다.

소비자들은 찾는 물건이 어디에 있는지 모를 때와 어떤 것을 사야

할지 잘 모를 때 힘들어한다. 결국 무인매장도 이 2가지를 해결해주어야 한다. 정확한 제품의 위치를 찾을 수 있는 매장 관리와 편리한 정보 제공이 빠진 무인매장은 힘들다. 완벽하지는 않겠지만 인공지능과 같은 기술의 도움을 받는 추천 시스템을 갖추는 것도 중요하다.

모든 매장이 완전한 무인으로 가는 것은 아니라는 점에서 사람과 기술이 함께하는 무인매장을 어떻게 구현할지가 매우 중요하다. 최근 이에 대한 흥미로운 시사점을 제공해주는 연구가 있는데, 소비자와 종업원 간 친밀도에 따라 매장에서 기술 사용에 대한 효과가 달라진다는 것이다.[31] 관계가 친밀하지 않는 경우에 매장에서 무인 기술(키오스크나 셀프체크인)을 사용하는 것은 평가에 긍정적이지만 친밀한 관계에서는 오히려 부정적이었다. 생각해보니 일리가 있다. 대형할인점 같은 곳에서는 무인 계산이나 체크인이 편하지만 백화점이나 개인 매장에서는 오히려 번거롭게 느껴질 것 같다.

결국 무작정 무인 기술을 도입할 것이 아니라 업의 특징을 잘 고려할 필요가 있다. 소비자들이 '언택트' 마케팅을 좋아한다는 것은 아마도 매장에서 불필요한 친절이나 구입을 강요하는 사원들의 접근이 싫다는 의미일 것이다. 본능적으로 소비자들은 자신을 알아봐주는 곳을 찾아 쇼핑하고 싶어 한다. 매장 직원과 고객들 간의 접촉이 많을수록 구입 가능성도 높아진다는 사실을 보면,[32] 소비자들의 본성은 직원들과 접촉하며 감정을 나누고 싶어 하는 것이 아닐까? 그저 눈치 없이 성가시고 귀찮은 접촉만을 불편해할 뿐이다.

소비자들의 이런 본성은 '서비스 로봇'의 등장에서도 확인된다. 무인 서비스를 펼치면서도 아이러니하게도 사람을 닮은 로봇이 등장한다. 힐튼 호텔은 IBM과 공동으로 프런트 직원 역할을 하는 스마트 로봇 '코니Connie'를 선보였다. 인간의 모습을 닮은 휴머노이드 로봇인 코니는 투숙객들의 간단한 질문에 답하거나 상호작용까지 가능하다. 일본 헨나 호텔이 소개한 여성 로봇은 훨씬 더 사람과 닮은 모습으로 호텔을 찾는 손님들을 반긴다.

물론 다른 경우도 있다. 코니보다 덜 인간적인 모습의 로봇 집사 '보틀르Botlr'는 어로프트 호텔 로비에서 투숙객들의 방까지 필요한 물품을 전달해주는 역할을 맡는다. 직관적으로 서비스 환경에 따라 효과는 다를 것 같기도 하다. 환대가 중요한 순간에는 코니처럼 사람을 닮은 로봇이 더 좋아 보이지만, 사람과의 접촉이 불편할 수 있는 객실 서비스에는 보틀르가 더 좋아 보일 수도 있다.

무인매장의 새로운 가치를 지속적으로 찾아가는 것이 필요하다. 나이키가 LA에 선보인 드라이브 스루drive through 매장인 '나이키 바이 멜로즈'에서는 전용 앱으로 주문한 제품을 주차장에서 바로 받아갈 수 있다. 미리 예약을 하면 픽업 박스에 넣어둔 제품을 입거나 신어볼 수 있다. 사람과 기술이 함께하며 자신만의 스마트한 매장 운영방법을 모색해가는 것이 진정한 무인매장이 아닐까? 유통 현장을 스마트하게 변화시키고 있는 옴니채널들에서 조금 더 살펴보자.

🎁 옴니채널

이제 소비자들의 구매 행동을 온라인과 오프라인으로 구분 짓는 것은 의미가 없다. 소비자들은 모바일에서 제품을 찾고 매장을 방문한 뒤 다시 인터넷 최저가를 찾아 구매한다. 즉 가격까지 마음에 드는 제품을 자신들에게 가장 편한 방법으로 구입하는 것이다. 옴니채널omni channel은 소비자들이 한곳에서 제품을 편하게 구입할 수 있도록 여러 채널들을 통합해주는 소매 믹스retail mix 전략이다.[33] 나이키의 드라이브 스루 매장도 모바일과 오프라인 매장이 자연스럽게 연결되어 그 방식을 편하게 생각하는 소비자들의 구매를 돕는 것이다.

온라인에서 주문하는 소비자들은 보통 기다렸다 집으로 배송을 받는다. 그러나 온라인에서 본 제품을 실제 오프라인에서 경험해보길 원하는 웹루밍webrooming 소비자들도 많다. 주문을 기다리지 않고 바로 받고 싶은 사람들도 있다. 갭GAP은 이런 소비자들을 놓치지 않기 위해 온라인이나 모바일에서 주문하고 매장에서 확인한 후 구매하도록 했다. 올리브영은 온라인에서 주문하면 집에서 가장 가까운 매장에서 3시간 내에 배송해준다. 아마존은 온라인 서점의 경험을 보완하기 위해 오프라인 서점을 운영한다. 온라인에서만 판매하던 업체들이 매출을 늘리기 위해 오프라인 매장으로 진출하는 사례도 많다. 형태는 다르지만 온라인과 오프라인을 연결하는 목적은 같다. 소비자들을 놓치지 않고 판매를 늘리기 위해서다.

채널 간의 연결은 오프라인 매장 안에서도 나타난다. 오프라인 매장의 무인화도 이런 경향과 무관하지 않다. 온라인은 빠르고 편한데 오프라인은 기다려야 하고 복잡하다는 소비자들의 생각을 바꿀 필요가 있기 때문이다. 월마트의 '스캔앤고'는 매장에서 스마트폰 앱을 이용해 원하는 제품의 바코드를 인식하면 바로 결제되어 가지고 나갈 수 있다. 오프라인이지만 온라인보다 더 편한 쇼핑이다. 무인매장이 단지 사람이 없는 매장이 아니라 소비자들에게 편리한 쇼핑을 제공해주는 옴니채널 전략의 일환인 셈이다

옴니채널 전략은 언제 어디서나 구입할 수 있는 편리함을 제공하는 것이다. 우리는 친구들과 카카오톡으로 이야기를 나누다가 바로 기프트콘을 주문할 수 있다. 아마존 '대쉬버튼'으로 떨어진 생활용품을 바로 주문할 수도 있다. '나중에 사야지' 생각하는 소비자들을 기다려도 기업에게 오리라는 보장은 없다. 인공지능 스피커를 이용한 보이스 쇼핑에 기업들이 관심을 갖는 것도 바로 주문하게 만들기 위해서다. 옴니채널은 바로 이런 소비들에 대응하기 위해 스마트한 MOT를 만드는 일이다.

기술이 소비자 라이프를 바꾼다

🎁 기술이 바꾸는 라이프 산업지형

기술이 소비자들의 경험을 바꾸면서 소비자 라이프가 변하고 있다. 자연스럽게 기술은 산업 전반의 지형도를 뒤바꾸고 있다. 의식주와 같이 소비자 라이프와 밀접한 산업들을 간단히 살펴보자.

패션업계는 '디지털 트랜스포메이션'이 산업 동력이 되고 있다.[34] 인공지능을 통해 고객의 취향과 체형에 맞게 스타일링하고 추천하는 것이 패션산업에서 중요해졌다는 의미다. 기술이 소비자들의 패션 취향과 개성을 살려주는 코디 역할을 톡톡히 해주는 셈이다. 제조와 유통이 중요시되던 패션산업에서도 취향과 라이프에 맞게 스타일링해주는 패션 플랫폼 업체들의 역할이 더욱 커지고 있다. 세계적인 화장품 기업 로레알은 2018년 국내 최대 의류·화장품 온라인 쇼핑몰 '스타일난다'를 거액에 인수했고, '지그재그'나 '스타일쉐어'와 같은 패션 스타트업들이 주목받고 있다.

식품업계의 키워드 역시 '푸드테크foodtech'다. 식품의 생산, 보관, 유통, 판매에 이르기까지 기술이 큰 영향을 미친다는 것이다. 코카콜라의 스마트 자판기인 '프리스타일 머신'은 입맛대로 혼합해 먹는 음료를 제공하며, 식물성 패티로 만든 '임파서블 버거'처럼 혁신적인 미래 식품들이 주목받고 있다. 또한 배달·주문 앱이 전성시대를 맞이했으며, '만나박스'는 신선한 농산물을 소비자들의 식탁에 정기적으로 배송해준다. 로봇 셰프와 바리스타까지 등장했다.

주거산업에서 기술 변화의 핵심은 '스마트 홈'과 '스마트 시티'의 구축이다. 스마트 홈은 사물인터넷을 활용한 맞춤 기능이 강화된다. 스마트 가전이나 통신이 모두 주거공간과 연결되면서 집은 스마트 생활의 플랫폼이 된다. 스마트 냉장고와 키친은 레시피, 재료 손실, 요리하는 과정까지 주도하면서 생활의 변화를 이끌고 있다.

금융산업의 변화는 '핀테크fintech'가 이끈다. 은행, 증권사가 주도했던 금융 거래는 이제 인터넷과 모바일이 이끌고 있고, 지불과 송금시장에서도 간편 시스템의 역할이 점차 커지고 있다. 아쉽게도 각종 규제와 신용카드를 사용하는 금융소비 습관은, 해외에 비해 국내 금융산업에서 혁신적인 핀테크의 성장을 더디게 하고 있다. 하지만 최근 공인인증서 없이 송금이 가능한 '토스^{toss}'가 가입자 1천만 명 시대를 연 것을 보면서 핀테크의 성장 가능성을 다시 찾는다.

인공지능과 자율주행으로 대표되는 미래형 자동차와 이동수단의 변화도 주목할 점이다.

💝 소비자 라이프 혁신

바야흐로 4차 산업혁명 시대다. 정부는 4차 산업혁명에 대해 적극적으로 투자해서 이제라도 뒤처진 기술을 만회하겠다고 강조한다. 기업은 모두가 4차 산업혁명의 주역이 되어 새로운 시장과 가치를 만들어내야만 한다고 역설한다. 대학은 4차 산업혁명과 관련된 교육으로 재편하지 않으면 미래가 없다고 말한다. 그리고 4차 산업을 주도하는 핵심 기술인 인공지능, 사물인터넷, 모바일, 빅데이터, 클라우드에 대한 투자와 지원을 약속한다.

그런데 이런 논의들에서 한 가지 빠진 것이 있다. 국가, 기업, 대학은 모두 저마다의 생존을 위해 4차 산업혁명을 이야기하지만 정작 그 안에 있는 소비자들에 대한 이야기는 빠져 있다. 도대체 4차 산업혁명은 소비자들에게 어떤 의미를 가질까?

기업과 소비자의 문제로만 좁혀서 살펴보자. 4차 산업을 이끈다는 기업의 핵심 기술들은 결국 소비자들의 라이프를 변화시키는 기술들과 다르지 않다. 기술의 변화가 소비자들의 라이프에 변화를 가져오듯이 그 안에서 4차 산업혁명은 소비자들의 라이프 혁신을 이끌어간다. "사람에서 기술로 다시 사람으로"라는 멋진 광고카피가 생각난다. 결국 기술은 사람이 시작하지만 사람을 위한 것이다.

기술이 사람을 위하려면 역시 감정이 중요하다. 이런 의미에서 4차 산업혁명의 핵심도 기술보다는 감정이어야 한다. 감정은 언제나 아날로그 느낌이다. 그러나 이제는 하이테크도 하이터치가 필요한 세상이다.[35] 한마디로 '따뜻한 기술'이 필요하다는 말이다. 그래야 '사람에서 기술로 다시 사람으로'가 가능해진다. 정확히는 '사람에서 기술로 그리고 시장으로'다. 따뜻한 기술은 소비자들을 행복하게 하고 자연히 시장을 만들기 때문이다. 기술이 감정을 이해하는 것은 그래서 소비자, 기업, 국가가 함께 성장하고 발전하는 길이다.

기업에게 감정의 눈이 필요하다

    지금까지 감정의 눈으로 소비자들을 만나보았다. 소비자들의 다양한 감정과 라이프는 만족과 불만족이라는 2가지 기준으로는 절대 담아내지 못한다. 어설픈 감정 마케팅이라면 하지 않는 편이 좋다. 이제부터라도 소비자들의 감정 경험을 제대로 이해하고 대응할 필요가 있다.

    앞서 살펴본 내용들이 충분히 도움이 되리라 생각하지만 못다 전한 이야기가 있다. 기업이 소비자의 감정을 이해하고 대응하기 위해서는 3가지 눈이 필요하다. 각각 소비자, 직원, 경쟁을 바라보는 감정의 눈이다.

소비자를 바라보는 감정의 눈:
포인트로 마음을 살 수 없다

기업은 소비자들과의 관계를 중요하게 여긴다. 기업의 입장에서는 새로운 고객을 찾기도 어렵거니와 기존 고객을 유지하는 것이 유리한 점이 많으니 당연한 처사다. 그래서인지 광고나 슬로건뿐만 아니라 다양한 목소리로 자신들이 소비자들의 친구가 될 수 있다고 목소리를 높인다.

얼마간 외국에 머물면서 쓰던 휴대폰 서비스를 일시 정지시켜야 했던 적이 있었다. 마침 귀국 전에 약속했던 정지 기간이 끝났던 터라, 인천공항에 내렸을 때는 휴대폰을 켜면 바로 사용할 수 있을 거라고 생각했다. 그러나 한국에 도착한 날 새벽, 나는 자동응답번호를 통한 몇 번의 시도 끝에야 간신히 휴대폰을 다시 사용할 수 있었다. 공항 로밍서비스 안내창구에 문의를 해보았지만 돌아오는 대답은 자신들의 업무가 아니라서 잘 모른다는 말뿐이었다.

형식적인 서비스에 순간 화도 났지만 돌아서 생각해보니 지난 몇 달 동안 나 역시 휴대폰 브랜드가 아쉬웠던 적은 한 번도 없었다. 정지 기간 동안에 형식적인 메일 한 통 주고받은 적이 없었다. 돌아와 보니 지갑 속에 들어 있던 멤버십 카드와 포인트만이 나와 브랜드와 함께했던 무의미한 시간들을 보여줄 뿐이었다.

소비자와 브랜드의 관계를 흔히 친구나 연인 사이로 표현하는데, 이러한 관계에서의 핵심은 바로 감정이다. 카톡 메시지를 보낼 때마다 사람들은 상대방에게 어떤 말을 건넬까보다는 어떤 이모티콘을 덧붙일지 고민하곤 한다. 우리말 형용사에 감정을 표현하는 단어가 부족해서인지 아니면 그러한 말을 손끝으로 담아내는 일이 어색해서인지 모르겠지만, 다른 사람들과의 관계를 위해서는 무엇보다도 감정을 잘 표현해야겠다는 생각만은 분명해 보인다.

이제 브랜드는 감정 소비자들에게 친구라고만 외칠 것이 아니라, 어떤 좋은 감정을 나누면서 관계를 맺을지에 대해 진지하게 고민하고 답할 때다. 사랑은 돈으로 살 수 없다는can not buy me love 비틀즈의 노래처럼, 소비자들의 좋은 감정을 포인트만으로는 살 수 없다.

직원들을 바라보는 감정의 눈:
직원들에게 힘을 주자

결국은 직원들의 힘이다. 소비자들의 감정을 이해하고 대응하는 것도 모두 직원 개인과 팀의 산물이기 때문이다. 2015~2016년 잉글랜드 프리미어리그EPL의 우승은 100년 넘는 구단 역사상 한 번도 우승 경험이 없었던, 그것도 2부 리그에서 승격한 지 몇 해 안 된 레스터시티가 차지했었다. 세계의 언론은 '한 편의 동화'라는 표현으로 찬사를 보냈지만, 결국 우승의 원동력은 선수 한 명 한 명의 힘이 모여 이루어진 것이다. 칭찬은 고래를 춤추게 한다고 하지만, 고래가 춤춘 것은 칭찬을 통해 얻은 힘 덕분이 아니겠는가! 직원들의 행복을 위해서는 다음의 5가지 힘의 재료들이 필요하다. 행복한 직원들은 당연히 힘이 생긴다. 앞 글자를 모아보니 파워POWER다.

자부심을 갖게 하자Pride

미국의 경제지 〈포춘Fortune〉의 '올해의 일하기 좋은 기업'에서 상위 기업들을 보면 직원들의 자부심이 대단하다. 다들 "이곳에서 일하는 것이 다른 사람들에게 자랑스럽다"라고 말한다.[1] 내가 하는 일과 회사가 자랑스러울 때만큼 힘이 나는 순간은 없다.

반대로 평소 회사나 하는 일에 불만족하거나 심지어 뉴스를 통해 그런 문제들을 보게 되는 직원들의 마음은 어떨까? 당황해하거나 심지어 부끄럽다고 생각하는 직원들이 과연 소비자들의 감정을 이해하고 잘 대응해줄 힘이 조금이나마 남아 있을까 싶다.

개방성을 주자Openness

고객들의 행복을 위해 가슴 뛰는 매장을 만들어간다는 일본 츠타야 서점의 마스다 무네아키增田宗昭 대표는 직원들이 자유롭고 즐겁게 일하며 아이디어를 내는 환경이 중요하다고 말한다.[2] 행복한 일터를 디자인하기 위해서는 개방적인 사무환경도 중요하지만 직원들이 자율성을 갖고 스스로 일을 하고 있다는 생각을 디자인하는 것이 더 중요하다.[3] 행복한 일터에서 일하는 직원들이 소비자들을 행복하게 하는 것은 당연하다.

호기심을 갖게 하자(Innocent) Why

순수한 아이들에게 가장 자주 듣는 말 중 하나는 '왜'다. 그러나 정작 이러한 호기심이 더욱 필요한 건 어른들이다. 기업에서도 상상력과 창의력이 미래를 대비하는 중요한 자산이라고 말하고 있지만, 정작 '왜'라는 질문을 주고받지 못한다면 미래를 꿈꿀 수 있을까? 직원들의 호기심이 상상력과 창의력이 되어 소비자들을 꿈꾸게 한다는 것을 잊지 말자. 꿈꾸는 소비자들의 마음은 늘 설레고 행복하다.

권한을 주자Empowerment

화난 고객들은 이미 벌어진 문제보다 그 문제가 잘 해결되지 않아서 더 좌절하게 된다. 이것은 고객들의 문제를 해결해줄 권한이 직원들에게 제대로 없기 때문이다.

아이의 새로 산 롱 패딩에 문제가 있어 매장을 찾은 적이 있다. 본사의 심의과정을 거쳐야 한다며 처리가 수일 동안 지연되어 항의했더니 직원의 대답이 걸작이었다. 본사와 연락이 잘 안되었는데, 자기가 봐도 제품 불량이 확실하니 새것으로 교환해주겠다고 한 것이다. '이럴 것을 진작!' 생각하다가도 직원에게 권한이 없을 것 같다는 생각에 이해하고 발길을 돌렸다. 권한이 확실한 직원들이 고객이 처한 상황에 더 공감해주고 문제 해결에 창의적으로 나선다고 한다.[4] 말로만 고객들을 위해 공감력을 키우자고 하지 말자. 직원들에게 일에 대한 권한을 먼저 챙겨주면 공감은 저절로 따라온다.

휴식을 주자Rest/Relaxation

워라밸 시대에 직원들의 휴식은 무엇보다 중요하다. 업무시간과 공간에서 모두 제대로 된 휴식이 필요하다. 직원들의 복지를 설계하는 데도 휴休 콘셉트를 잘 반영해보자. 무엇보다 눈치 보지 않도록 하는 제도와 문화가 뒷받침되어야 한다. 직원들 스스로도 휴식이 업무를 위한 재충전의 기회라는 생각을 확실하게 갖자. 쉬는 것도 눈치를 봐야하는 어딘가 잘못된 휴식문화도 고쳐갈 필요가 있다.

경쟁을 바라보는 감정의 눈:
소비자 라이프 시대다

소비자가 제품과 서비스를 구매하는 것이 아니라 가치 있는 체험을 소비한다는 점에서 체험경제the experience economy의 시대가 왔다고 말한다.[5] 자연스럽게 기업의 마케팅 활동들도 제품을 차별화하고 서비스를 강조하는 것에서 벗어나 소비자 체험 마케팅experience marketing을 중요시하고 있다.[6]

이제는 소비자들의 체험을 넘어 라이프를 강조해야 하는 시대다. 인생이라는 큰 의미보다 '소비 생활'을 말한다. 제품과 서비스를 소비하며 얻는 많은 감정들은 소비 생활의 동력이다. 행복은 소비 생활의 목표가 되고 소비자들은 자신들에게 맞는 라이프 스타일을 찾고 있다. 요즘 기업은 이런 소비자들의 라이프를 생각하고 비즈니스를 계획해야 한다. 기업의 비전을 이야기할 때 제품보다 시장지향적인 비전을 세워야 하는 것도 소비자의 라이프를 생각하기 때문이다. 구체적으로 말하자면, 소비자들에게 어떤 라이프를 위한 기업이 되겠는가가 필요하다.

상품과 브랜드도 마찬가지다. 소비자들에게 라이프 스타일을 팔겠다는 기업들은 많지만 어떤 색깔인지가 불명확하다. 소비자들의 라이프를 바라보면 조력자들을 만나기 쉽다. 내가 다 채워줄 수 없기에 경쟁이 아닌 협력이 절실하기 때문이다. 물론 가능하다면 사업영역의 확장도 꾀할 수 있다.

이렇게 소비자, 기업, 그리고 경쟁에 대한 감정의 눈을 갖는 기업들이 늘었으면 좋겠다. 지난 평창올림픽 스노보드 금메달리스트인 클로이 김이 경기 중 트위터에 남겼던 '행그리hangry'라는 말이 화제였다. 배가 고파서hungry 화가 난다angry는 의미의 두 영어단어가 합쳐진 신조어인데, 금메달을 두고 경쟁하는 긴장감에도 불구하고 그녀가 보여준 솔직한 감정 표현이야말로 진짜 금메달감이 아닌가 싶다. 감정이 중요한 이유는 바로 이러한 솔직함이다.

감정을 통해 솔직한 모습들을 마주할 때 진짜 기업의 경쟁력이 생긴다. 솔직한 감정의 클로이 김이 치열한 경쟁에서 보란 듯이 금메달을 따냈듯 말이다.

참고문헌 및 설명

프롤로그: 감정의 눈으로 만나는 소비자

1 다니엘 핑크, 『새로운 미래가 온다』, 김명철 옮김, 한국경제신문사, 2012.

2 번트 슈미트, 『번 슈미트의 체험 마케팅』, 윤경구 외 옮김, 김앤김북스, 2013.

1장 - 감정 소비자

1 댄 애리얼리·제프 크라이슬러, 『댄 애리얼리 부의 감각』, 이경식 옮김, 청림출판, 2018.

2 Perugini M. & Bagozzi R. P., (2001), "The role of desires and anticipated emotions in goal-directed behaviours: Broadening and deepening the theory of planned behaviour", British Journal of Social Psychology, 40(1), 79-98.

3 <한국경제신문>, "자아실현 욕구, 플랫폼에서 어떻게 가치로 창출할지 고민해야", 2018.12.12.

4 Magids S., Zorfas A. & Leemon, D., (2015), "The new science of customer emotions", Harvard Business Review, 76, 66-74.

5 존 요코하마·조셉 미첼리, 『How? 물고기 날다』, 유영만 옮김, 한국경제신문사, 2009.

6 Neumann R. & Strack F., (2000), "Mood contagion: the automatic transfer of mood between persons", Journal of personality and social psychology, 79(2), 211.

7 Bagozzi R. P., Gopinath M. & Nyer P. U., (1999), "The role of emotions in marketing", Journal of the academy of marketing science, 27(2), 184-206.

8 Schwarz N., (2011), "Feelings-as-information theory", Handbook of theories of social psychology, 1, 289-308.

9 Thompson D., (2014), "How Consumers' Moods Drive Decisions", The Atlantic. Oct. 2.

10 Schwarz N. & Clore G. L., (1983), "Mood, misattribution, and judgments of well-being: informative and directive functions of affective states", Journal of personality and social psychology, 45(3), 513.

11 <연합뉴스>, "신한카드 '봄에는 새 학기·꾸미기 업종 소비 많아'", 2018.02.28. [신한카드 빅데이터 분석에 의하면 봄철에는 S.P.R.ing 업종의 소비에 주목해야 한다. 신학기 준비 (Semester-starting), 자신과 주변 꾸미기(Plating), 그리고 기분 전환(Refreshing)을 위한 소비가 다수를 차지한다는 설명이다.]

12 Bagozzi R. P., Gopinath M. & Nyer P. U., (1999), "The role of emotions in marketing",

Journal of the academy of marketing science, 27(2), 184-206.

13 Smith C. A. & Lazarus R. S., (1993), "Appraisal components, core relational themes, and the emotions", Cognition & Emotion, 7(3-4), 233-269.

14 Roseman I. J., (1991), "Appraisal determinants of discrete emotions", Cognition & Emotion, 5(3), 161-200.

15 Ortony A. & Turner T. J., (1990), "What's basic about basic emotions?", Psychological review, 97(3), 315.

16 Richins M. L., (1997), "Measuring emotions in the consumption experience", Journal of consumer research, 24(2), 127-146.

17 Zeelenberg M. & Pieters R., (2007), "A theory of regret regulation 1.0", Journal of Consumer psychology, 17(1), 3-18.

18 Laros F. J. & Steenkamp J. B. E., (2005), "Emotions in consumer behavior: a hierarchical approach", Journal of business Research, 58(10), 1437-1445.

19 토머스 데이븐포트·존백, 『관심의 경제학』, 김병조 외 옮김, 21세기북스, 2006.

20 Grégoire Y., Tripp T. M. & Legoux R., (2009), "When customer love turns into lasting hate: The effects of relationship strength and time on customer revenge and avoidance", Journal of Marketing, 73(6), 18-32.

21 <머니투데이>, "'최빈국' 부탄이 행복할 수 있는 8가지 이유", 2014.10.09. [세계 최빈국 중 하나인 부탄 국민들의 행복지수가 높은 이유로 정신적인 행복을 추구한다는 점, 부탄의 GDP가 계속 증가한다는 점, TV와 라디오, 인터넷에 신경을 덜 쓴다는 점, 아름다운 자연환경에서 산다는 점, 마음의 평안을 추구하는 불교도라는 점, 국민행복지수를 국정지표로 활용할 정도로 국가가 노력한다는 점, 사회 지도층과 일반 사람들의 격차가 크지 않고 친밀하다는 점, 그리고 사람들이 충분한 휴식을 취한다는 점이다.]

22 <공유경제>, "어린이 10명 중 9명 '지금 행복하다'… '가족 때문'", 2018.08.21.

23 박영신·김의철, "심리적, 관계적, 경제적 자원", 한국심리학회지: 문화 및 사회문제, 15(1), 95-132, 2009.

24 Dunn E. W., Gilbert D. T. & Wilson T. D., (2011), "If money doesn't make you happy, then you probably aren't spending it right", Journal of Consumer Psychology, 21(2), 115-125.

25 Wells W. D., Tigert D. J., (1971), "Activities, Interests, and Opinions", Journal of advertising research, 11(4), 27-35.

26 마이클 솔로몬, 『소비자행동론』, 황장선 외 옮김, 경문사, 2016.

27 삶의 질(QOL; quality of life) 연구에서 총제적인 삶의 만족은 가족, 건강, 결혼, 일과 같이 여러 하위영역에서의 삶의 만족에 의해 결정된다는 상향식 접근(bottom-up approach)의 시각이 있다.

28 Lane P. M., Kaufman G. F. & Goscenski G. M., (1995), "The TIMES model: A Resource Planning Tool for Entrepreneurial Growth", Development in Quality-of-Life Studies in Marketing, 5, 26-33.

29 <이데일리>, "[ESF2018] 김용화 감독 '영화의 감정·스토리 이끄는 핵심은 디지털 기술'", 2018.06.20.

30 LaBar K. S. & Cabeza R., (2006), "Cognitive neuroscience of emotional memory", Nature Reviews Neuroscience, 7(1), 54.

31 장 노엘 캐퍼러, 『뉴패러다임 브랜드 매니지먼트』, 윤경구 외 옮김, 김앤김북스, 2009.

32 Frijda N. H., (1988), "The laws of emotion", American psychologist, 43(5), 349.

33 Holbrook M. B., (2002), "Introduction to consumer value", In Consumer value (pp. 17-44). Routledge. Holbrook 교수는 효율성, 탁월성, 놀이, 심미성, 지위, 자아존중, 윤리, 영적추구를 소비자들의 핵심가치로 꼽았다.

34 Fukuda S., (2013), "Emotion and innovation", In Emotional Engineering vol. 2 (pp. 11-21). Springer, London.

35 2016년 발표(The most innovative companies 2016) 결과다. 10위까지 애플, 구글, 테슬라, 마이크로소프트, 아마존, 넷플릭스, 삼성, 토요타, 페이스북, IBM의 순서다.

2장 - 감정은 관계다: 사랑과 전쟁 사이

1 케빈 로버츠, 『러브마크』, 양준희 옮김, 서돌, 2005.

2 Rubin Z., (1973), "Liking and loving: An invitation to social psychology", Holt, Rinehart & Winston.

3 Whan Park C., MacInnis D. J., Priester J., Eisingerich A. B. & Iacobucci D., (2010), "Brand attachment and brand attitude strength: Conceptual and empirical differentiation of two critical brand equity drivers", Journal of marketing, 74(6), 1-17.

4 Batra R., Ahuvia A. & Bagozzi R. P., (2012), "Brand love", Journal of marketing, 76(2), 1-16.

5 Bowlby J., (1982), "Attachment and loss: Retrospect and prospect", American journal of Orthopsychiatry, 52(4), 664.

6 Collins N. L. & Read S. J., (1990), "Adult attachment, working models, and relationship quality in dating couples", Journal of personality and social psychology, 58(4), 644.

7 Dwayne Ball A. & Tasaki L. H., (1992), "The role and measurement of attachment in consumer behavior", Journal of consumer psychology, 1(2), 155-172.

8 Richins M. L., (1997), "Measuring emotions in the consumption experience", Journal of consumer research, 24(2), 127-146.

9 이학식·임지훈, "소비 관련 감정척도의 개발", 마케팅연구, 17(3), 55-91, 2002.

10 <조선일보>, "로레알부터 중국 '짝퉁' 화장품까지…K뷰티에 목매는 이유", 2018.12.17 [영국 조사업체 민텔에 의하면 2017년 K-뷰티 시장규모는 130억 달러(14조 7,200억 원)이었으며 식품의약품안전처에 의하면 2015년 이후 화장품에서 프랑스에 이은 2위의 수출국가다.]

11 롤프 옌센, 『드림 소사이어티』, 서정환 옮김, 리드리드출판, 2005.

12 Fuchs C., Schreier M. & Van Osselaer S. M., (2015), "The handmade effect: What's love got to do with it?", Journal of Marketing, 79(2), 98-110.

13 Rook D. W., (1985), "The ritual dimension of consumer behavior", Journal of Consumer Research, 12(3), 251-264.

14 Fischer E. & Arnold S. J., (1990), "More than a labor of love: Gender roles and Christmas gift shopping", Journal of consumer research, 17(3), 333-345.

15 Belk R. W. & Coon G. S., (1993), "Gift giving as agapic love: An alternative to the exchange paradigm based on dating experiences", Journal of consumer research, 20(3), 393-417.

16 <서울경제>, "성인남녀 60% 이상 '빼빼로 데이 챙긴다'", 2018.11.11.

17 <머니투데이>, "롯데백화점, 키덜트 시장 급성장", 2018.12.05.

18 <헤럴드경제>, "[무섭게 큰다, 펫코노미 ①] 펫팸족 1,000만시대…6조 펫시장 대전쟁", 2018.05.31.

19 Belk R. W., (1988), "Possessions and the extended self", Journal of consumer research, 15(2), 139-168.

20 Holbrook M. B. & Schindler R. M., (1991), "Echoes of the dear departed past: Some work in progress on nostalgia", Advances in Consumer Research, 18(1), 330-333.

21 Hofer J. H., (1688), "Medical dissertation on Nostalgia", Anzac CK translator, (1934), Bulletin of the Inst History of Medicine, 2, 376-391.

22 Schindler R. M. & Holbrook M. B., (2003), "Nostalgia for early experience as a determinant of consumer preferences", Psychology & Marketing, 20(4), 275-302.

23 <중앙일보>, "'우리도 놀이동산 간다' 미·일서 뜨는 시니어용 테마파크", 2018.06.09.

24 박찬일, 『노포의 장사법』, 인플루엔셜, 2018.

25 Merchant A. & Rose G. M., (2013), "Effects of advertising-evoked vicarious nostalgia on brand heritage", Journal of Business Research, 66(12), 2619-2625.

26 Lambert-Pandraud R. & Laurent G., (2010), "Why do older consumers buy older brands? The role of attachment and declining innovativeness", Journal of Marketing, 74(5), 104-121.

27 Shields A. B. & Johnson J. W., (2016), "What did you do to my brand? The moderating effect of brand nostalgia on consumer responses to changes in a brand", Psychology & Marketing, 33(9), 713-728.

28 Brown S., Kozinets R. V. & Sherry Jr J. F., (2003), "Teaching old brands new tricks: Retro branding and the revival of brand meaning", Journal of Marketing, 67(3), 19-33.

29 McColl-Kennedy J. R., Patterson P. G., Smith A. K. & Brady M. K., (2009), "Customer rage episodes: emotions, expressions and behaviors", Journal of Retailing, 85(2), 222-237.

30 Patterson P. G., McColl-Kennedy J. R., Smith A. K. & Lu Z., (2009), "Customer rage: triggers, tipping points, and take-outs", California Management Review, 52(1), 6-28.

31 Surachartkumtonkun J., McColl-Kennedy J. R. & Patterson P. G., (2015), "Unpacking customer rage elicitation: a dynamic model", Journal of Service Research, 18(2), 177-192.

32 Sinha J. & Lu F. C., (2016), "'I' value justice, but 'we' value relationships: Self-construal effects on post-transgression consumer forgiveness", Journal of consumer psychology, 26(2), 265-274.

33 Tsarenko Y. & Tojib D., (2015), "Consumers' forgiveness after brand transgression: the effect of the firm's corporate social responsibility and response", Journal of Marketing Management, 31(17-18), 1851-1877.

34 Harris L. C. & Reynolds K. L., (2003), "The consequences of dysfunctional customer behavior", Journal of service research, 6(2), 144-161.

35 Bernstein W. M. & Davis M. H., (1982), "Perspective-taking, self-consciousness, and accuracy in person perception", Basic and Applied Social Psychology, 3(1), 1-19.

36 Losoya S. H. & Eisenberg N., (2001), "Affective empathy", In J. A. Hall & F. J. Bernieri (Eds.), The LEA series in personality and clinical psychology, "Interpersonal sensitivity: Theory and measurement", (pp. 21-43), Mahwah, NJ, US: Lawrence Erlbaum Associates Publishers.

3장 - 감정은 극복이다: 나쁜 감정은 없다

1 Garg N. & Lerner J. S., (2013), "Sadness and consumption", Journal of Consumer Psychology, 23(1), 106-113.

2 Cryder C. E., Lerner J. S., Gross J. J. & Dahl R. E., (2008), "Misery is not miserly: Sad and self-focused individuals spend more", Psychological Science, 19(6), 525-530.

3 Rick S. I., Pereira B. & Burson K. A., (2014), "The benefits of retail therapy: making purchase decisions reduces residual sadness", Journal of Consumer Psychology, 24(3), 373-380.

4 Garg N. & Lerner J. S., (2013), "Sadness and consumption", Journal of Consumer Psychology, 23(1), 106-113.

5 Lerner J. S., Small D. A. & Loewenstein G., (2004), "Heart strings and purse strings: Carryover effects of emotions on economic decisions", Psychological science, 15(5), 337-341.

6 Small D. A. & Verrochi N. M., (2009), "The face of need: Facial emotion expression on charity advertisements", Journal of Marketing Research, 46(6), 777-787.

7 Cryder C. E., Lerner J. S., Gross J. J. & Dahl R. E., (2008), "Misery is not miserly: Sad and self-focused individuals spend more", Psychological Science, 19(6), 525-530.

8 Higgins E. T., (1997), "Beyond pleasure and pain", American psychologist, 52(12),

1280.

9 소비자들의 자기조절초점(self-regulatory focus)이다. 향상초점(promotion focus)의 사람들에게는 향상초점 메시지가 더 효과적이지만, 예방초점(prevention focus)의 사람들에게는 예방초점 메시지가 더 설득적이다.

10 Van de Ven N., Zeelenberg M. & Pieters R., (2010), "The envy premium in product evaluation", Journal of Consumer Research, 37(6), 984-998.

11 Miceli M. & Castelfranchi C., (2007), "The envious mind", Cognition and emotion, 21(3), 449-479.

12 콘스탄티노스 마르키데스, 『FAST SECOND』, 김재문 옮김, 리더스북, 2005.

13 기형도 시인의 시 <질투는 나의 힘>, 박찬욱 감독의 동명 영화로도 잘 알려져 있다.

14 Van de Ven N., Zeelenberg M. & Pieters R., (2009), "Leveling up and down: the experiences of benign and malicious envy", Emotion, 9(3), 419.

15 Van de Ven N., Zeelenberg M. & Pieters R., (2010), "The envy premium in product evaluation", Journal of Consumer Research, 37(6), 984-998.

16 Belk R. W., (1985), "Materialism: Trait aspects of living in the material world", Journal of Consumer research, 12(3), 265-280.

17 Munichor N. & Steinhart Y., (2016), "Saying no to the glow: When consumers avoid arrogant brands", Journal of Consumer Psychology, 26(2), 179-192.

18 Anaya G. J., Miao L., Mattila A. S. & Almanza B., (2016), "Consumer envy during service encounters", Journal of Services Marketing, 30(3), 359-372.

19 Zeelenberg M. & Pieters R., (2007), "A theory of regret regulation 1.0", Journal of Consumer psychology, 17(1), 3-18.

20 McConnell A. R., Niedermeier K. E., Leibold J. M., El-Alayli A. G., Chin P. P. & Kuiper N. M., (2000), "What if I find it cheaper someplace else?: Role of prefactual thinking and anticipated regret in consumer behavior", Psychology & Marketing, 17(4), 281-298.

21 Tykocinski O. E. & Pittman T. S., (1998), "The consequences of doing nothing: Inaction inertia as avoidance of anticipated counterfactual regret", Journal of personality and social psychology, 75(3), 607.

22 Inman J. J. & Zeelenberg M., (2002), "Regret in repeat purchase versus switching decisions: The attenuating role of decision justifiability", Journal of consumer

23 Zeelenberg M. & Pieters R., (2007), "A theory of regret regulation 1.0", Journal of Consumer psychology, 17(1), 3-18.

24 Huang Y. K. & Yang W. I., (2011), "The effects of electronic word-of-mouth messages, psychological endowment and anticipated regret on online bidding behavior", Expert Systems with Applications, 38(4), 4215-4221.

25 Jeffrey Inman J., (2007), "Regret regulation: Disentangling self-reproach from learning", Journal of Consumer Psychology, 17(1), 19-24.

26 갓난아이들도 행복, 기쁨, 화, 슬픔의 감정을 느낀다. 단지 후회를 하지 않는 것을 보면 아마도 결정하지 않아도 되기 때문이다. 아이들은 보통 7살부터는 비교하고 후회하는 반응을 보일 수 있다.
Guttentag R. & Ferrell J., (2004), "Reality compared with its alternatives: age differences in judgments of regret and relief", Developmental Psychology, 40(5), 764.
Zeelenberg M. & Pieters R., (2007), "A theory of regret regulation 1.0", Journal of Consumer psychology, 17(1), 3-18.

27 Roese N. J. & Summerville A., (2005), "What we regret most... and why", Personality and Social Psychology Bulletin, 31(9), 1273-1285.

28 Jeffrey Inman J., (2007), "Regret regulation: Disentangling self-reproach from learning", Journal of Consumer Psychology, 17(1), 19-24.

29 Haidt J., (2012), "The righteous mind: Why good people are divided by politics and religion", Vintage.

30 Burnett M. S. & Lunsford D. A., (1994), "Conceptualizing guilt in the consumer decision-making process", Journal of Consumer Marketing, 11(3), 33-43.

31 Okada E. M., (2005), "Justification effects on consumer choice of hedonic and utilitarian goods", Journal of marketing research, 42(1), 43-53.

32 Burnett M. S. & Lunsford D. A., (1994), "Conceptualizing guilt in the consumer decision-making process", Journal of Consumer Marketing, 11(3), 33-43.

33 Okada E. M., (2005), "Justification effects on consumer choice of hedonic and utilitarian goods", Journal of marketing research, 42(1), 43-53.

34 Antonetti P. & Maklan S., (2014), "Exploring postconsumption guilt and pride in the context of sustainability", Psychology & Marketing, 31(9), 717-735.

35 Allard T. & White K., (2015), "Cross-domain effects of guilt on desire for self-improvement products", Journal of Consumer Research, 42(3), 401-419.

36 Flynn F. J. & Schaumberg R. L., (2012), "When feeling bad leads to feeling good: Guilt-proneness and affective organizational commitment", Journal of Applied Psychology, 97(1), 124.

37 Goldsmith K., Cho E. K. & Dhar R., (2012), "When guilt begets pleasure: the positive effect of a negative emotion", Journal of Marketing Research, 49(6), 872-881.

38 Khan U. & Dhar R., (2006), "Licensing effect in consumer choice", Journal of marketing research, 43(2), 259-266.

39 김해룡, "기업 B급 마케팅에 나서다", 월간유통저널, 11월호, 28-32, 2012.

40 <이데일리>, "[2018 문화계 결산] 82년생 곰돌이 푸가 출판계 흔들었다", 2018.12.26.

41 <뉴시스>, "소비자 절반 '충동구매 나쁘지 않아…사고나면 기분 좋아져'", 2017.07.26.

42 Morales A. C., (2005), "Giving firms an "E" for effort: Consumer responses to high-effort firms", Journal of Consumer Research, 31(4), 806-812.

4장 - 감정과 라이프: 행복한 소비자

1 "World Happiness Report 2018"(worldhappiness.report/ed/2018/)

2 원저의 제목은 『The conquest of happiness』로 그대로 번역하면 '행복은 정복하는 것'이다.

3 Kahneman D. & Krueger A. B., (2006), "Developments in the measurement of subjective well-being", Journal of Economic perspectives, 20(1), 3-24.

4 Laros F. J. & Steenkamp J. B. E., (2005), "Emotions in consumer behavior: a hierarchical approach", Journal of business Research, 58(10), 1437-1445.

5 Kahneman D., Krueger A. B., Schkade D., Schwarz N. & Stone A. A., (2006), "Would you be happier if you were richer? A focusing illusion", science, 312(5782), 1908-1910.

6 Schkade D. A. & Kahneman D., (1998), "Does living in California make people happy? A focusing illusion in judgments of life satisfaction", Psychological Science, 9(5), 340-346.

7 Hsee C. K., Yang Y., Li N. & Shen L., (2009), "Wealth, warmth, and well-being: Whether happiness is relative or absolute depends on whether it is about money, acquisition, or consumption", Journal of Marketing Research, 46(3), 396-409.

8 Herzberg F., Snyderman B. B. & Mausner B., (1966), "The Motivation to Work: 2d Ed", J. Wiley.

9 www.consumer.go.kr

10 Van Boven L. & Gilovich T., (2003), "To do or to have? That is the question", Journal of personality and social psychology, 85(6), 1193.

11 Gilovich T., Kumar A. & Jampol L., (2015), "A wonderful life: Experiential consumption and the pursuit of happiness", Journal of Consumer Psychology, 25(1), 152-165.

12 Dunn E. W., Gilbert D. T. & Wilson T. D., (2011), "If money doesn't make you happy, then you probably aren't spending it right", Journal of Consumer Psychology, 21(2), 115-125.

13 Bhattacharjee A. & Mogilner C., (2013), "Happiness from ordinary and extraordinary experiences", Journal of Consumer Research, 41(1), 1-17.

14 Mogilner C., Kamvar S. D. & Aaker J., (2011), "The shifting meaning of happiness", Social Psychological and Personality Science, 2(4), 395-402.

15 <서울경제>, "[토요워치] 살롱, 한정된 '회사인맥'서 벗어나 인생 바꿀 새로운 일상으로", 2018.12.14.

16 Mogilner C., Aaker J. & Kamvar S. D., (2011), "How happiness affects choice", Journal of Consumer Research, 39(2), 429-443.

17 Diener E., Sandvik E. & Pavot W., (2009), "Happiness is the frequency, not the intensity, of positive versus negative affect", In Assessing well-being (pp. 213-231). Springer, Dordrecht.

18 Dunn E. W., Gilbert D. T. & Wilson T. D., (2011), "If money doesn't make you happy, then you probably aren't spending it right", Journal of Consumer Psychology, 21(2), 115-125.

19 Quoidbach J., Dunn E. W., Petrides K. V. & Mikolajczak M., (2010), "Money giveth, money taketh away: The dual effect of wealth on happiness", Psychological Science, 21(6), 759-763.

20 Choi J. & Choi I., (2017), "Happiness is medal-color blind: Happy people value silver and bronze medals more than unhappy people", Journal of Experimental Social Psychology, 68, 78-82.

21 마쓰모트 토모코, 『앗! 사버렸다』, 서명숙 옮김, 넥서스BIZ, 2008.

22 Dunn E. W., Aknin L. B. & Norton M. I., (2008), "Spending money on others promotes happiness", Science, 319(5870), 1687-1688.

23 nrf.com/media/press-releases

24 Liu W. & Aaker J., (2008), "The happiness of giving: The time-ask effect", Journal of consumer research, 35(3), 543-557.

25 Aksoy L., Keiningham T. L., Buoye A., Lariviére B., Williams L. & Wilson I., (2015), "Does loyalty span domains? Examining the relationship between consumer loyalty, other loyalties and happiness", Journal of Business Research, 68(12), 2464-2476.

26 Grzeskowiak S. & Sirgy M. J., (2007), "Consumer well-being (CWB): The effects of self-image congruence, brand-community belongingness, brand loyalty, and consumption recency", Applied Research in Quality of Life, 2(4), 289-304.

27 아베 야로, 『심야식당』, 조은정 옮김, 미우, 2008.

28 <연합뉴스>, "'워라밸' 수준 가장 높은 지역은…서울·부산·대전 순", 2018.12.21.

29 임홍택, 『90년생이 온다』, 웨일북, 2018.

30 Bauman C. W. & Skitka L. J., (2012), "Corporate social responsibility as a source of employee satisfaction", Research in Organizational Behavior, 32, 63-86.

31 Raub S. & Blunschi S., (2014), "The power of meaningful work: How awareness of CSR initiatives fosters task significance and positive work outcomes in service employees", Cornell Hospitality Quarterly, 55(1), 10-18.

32 김해룡, "기업의 사회적 책임, 모두의 행복", KMAC 전략보고서 제1호, 2018.

33 법, 경제, 환경, 자선 등 광범위한 책임 영역은 물론이거니와, 소비자, 종업원, 주주, 지역 사회와 같이 다양한 이해 관계자들에 대한 책임이 있다.

34 Korschun D., Bhattacharya C. B. & Swain S. D., (2014), "Corporate social responsibility, customer orientation, and the job performance of frontline employees", Journal of Marketing, 78(3), 20-37.

35 Habel J., Schons L. M., Alavi S. & Wieseke J., (2016), "Warm glow or extra charge?

The ambivalent effect of corporate social responsibility activities on customers' perceived price fairness", Journal of Marketing, 80(1), 84-105.

5장 - 감정과 라이프: 라이프 스타일 소비자

1 대신증권 블로그, "행복한 삶을 추구하는 덴마크의 휘게(Hygge) 라이프 스타일이란?", 2017.02.13.

2 트리네 하네만, 『휘게 라이프 스타일 요리』, 김보은 옮김, 황금시간, 2017.

3 Chernev A., Hamilton R. & Gal D., (2011), "Competing for consumer identity: Limits to self-expression and the perils of lifestyle branding", Journal of Marketing, 75(3), 66-82.

4 욜로(YOLO)는 한번 사는 인생이라는 점에서 미래보다는 현재에 충실한 라이프 스타일이다. 포미(For Me)는 말 그대로 나를 위해, 자신이 가장 가치를 두는 분야에 적극적으로 투자하는 라이프 스타일이다. 건강(Forhealth), 싱글족(one), 여가(Recreation), 편의(Moreconvenient), 고가(Expensive)의 약자로 이루어진 신조어다.

5 김해룡, 『브랜드는 라이프다』, KMAC, 2019.

6 Belk R. W., (1988), "Possessions and the extended self", Journal of consumer research, 15(2), 139-168.

7 로버트 B. 세틀·파멜라 L. 알렉, 『소비의 심리학』, 대홍기획 마케팅컨설팅그룹 옮김, 세종서적, 2003.

8 사카이 나오키, 『감성마케팅 잠든 시장을 깨운다』, 정보공학연구소 편역, 아이티아이, 2003.

9 존 심프스, 『다어탐정』, 정지현 옮김, 지식너머, 2018.

10 마스다 아키코, 『무인양품 보이지 않는 마케팅』, 노경아 옮김, 라이팅하우스, 2017.

11 <오토데일리>, "출시 임박한 현대차 대형 SUV 팰리세이드의 패션. 라이프스타일은?", 2018.11.28.

12 Belk R. W., (1988), "Possessions and the extended self", Journal of consumer research, 15(2), 139-168.

13 사카이 나오키, 『감성마케팅 잠든 시장을 깨운다』, 정보공학연구소 옮김, 아이티아이 2003.

14 Sawhney M., Wolcott R. C. & Arroniz I., (2006), "The 12 different ways for companies to innovate", MIT Sloan management review, 47(3), 75.

15 Jung K. L. & Merlin M., (2003), "Lifestyle Branding: As More Companies Embrace it, Consumer Opposition Grows", Journal of Integrated Marketing Communications, 40-45.

16 Moore C. M. & Birtwistle G., (2004), "The Burberry business model: creating an international luxury fashion brand", International Journal of Retail & Distribution Management, 32(8), 412-422.

17 마스다 무네아키, 『취향을 설계하는 곳, 츠타야』, 장은주 옮김, 위즈덤하우스, 2017.

18 Sawhney M., Wolcott R. C. & Arroniz I., (2006), "The 12 different ways for companies to innovate", MIT Sloan management review, 47(3), 75.

19 Day J., Quadri D. & Jones D. L., (2012), "Boutique and lifestyle hotels: Emerging definitions", BLLA, Boutique & Lifestyle Lodging Association.

20 <한경비즈니스>, "'혁신의 아이콘'으로 거듭나는 유통 기업들", 2018.04.10.

21 <조선일보>, "[아무튼, 주말] 인생 2막은 좋아하는 일을… 미쳐서 파면 길이 보이죠", 2018.12.15.

22 www.nytimes.com/newsletters

23 Chernev A., Hamilton R. & Gal D., (2011), "Competing for consumer identity: Limits to self-expression and the perils of lifestyle branding", Journal of Marketing, 75(3), 66-82.

24 Chernev A., Hamilton R. & Gal D., (2011), "Competing for consumer identity: Limits to self-expression and the perils of lifestyle branding", Journal of Marketing, 75(3), 66-82.

25 Belk R. W., (1988), "Possessions and the extended self", Journal of consumer research, 15(2), 139-168.

26 크리스티안 미쿤다, 『제3의 공간』, 최기철·박성신 옮김, 미래의 창, 2005.

27 엠브레인 블로그, "'개인적 공간'의 의미가 커진 '집', '홈 인테리어'에 대한 관심으로 이어져", 2017.09.01.

28 "서울 시민의 도서관 이용실태 조사 결과보고서: 지역도서관(공공과 작은 도서관) 중심으로" [서울특별시 문화본부 서울도서관 도서관정책과, 2018 자료에 의하면 서울시민의 도서관 이용 목적은 정보요구(53.7%), 책 대출(28.0%), 공간 활용(16.3%) 순이다. 이용자들이 희망하는 도서관

은 편안함(10.4%)이 1순위인데 현재는 조용하고(14.4%) 공부하는(4.4%) 모습이 1~2순위다.]

29 <한국경제>, "분·초 쪼개쓰는 美 CEO들… '주 62.5시간' 일한다", 2018.07.06.

30 Belk R. W., (1988), "Possessions and the extended self", Journal of consumer research, 15(2), 139-168.

31 <이뉴스투데이>, "'DIY 패키지·유트래블' 시대…2019년 해외여행 7대 트렌드 예측", 2018.12.31.

32 Williams C. C., (2004), "A lifestyle choice? Evaluating the motives of do-it-yourself (DIY) consumers", International Journal of Retail & Distribution Management, 32(5), 270-278.

33 Wolf M. & McQuitty S., (2011), "Understanding the do-it-yourself consumer: DIY motivations and outcomes", AMS review, 1(3-4), 154-170.

34 Griskevicius V., Tybur J. M. & Van den Bergh B., (2010), "Going green to be seen: status, reputation, and conspicuous conservation", Journal of personality and social psychology, 98(3), 392.

35 "친환경제품 및 정책 국민인지도 조사 결과보고서", 환경부, 2017.

36 http://www.strategicbusinessinsights.com/vals/ustypes.shtml/ [SRI 컨설팅 비즈니스 인텔리전스의 VALS는 사람들을 혁신자(innovators), 숙고자(thinkers), 신념 보유자(believers), 성취 추구자(achievers), 분투자(strivers), 경험 추구자(experiencers), 실용 추구자(makers), 생존 지향자(survivors)의 8개 세분집단으로 구분한다.]

37 통계청, 2018 고령자 통계, 2018.

38 통계청, 2017 인구주택 총조사, 2018.

39 소비 역사로 보면 당연히 지나온 라이프 스타일의 변화도 중요하다.

40 마틴 레이먼드, 『미래의 소비자들』, 박정숙 옮김, 에코비즈, 2006.

41 <뉴데일리>, "매일 '10억 시간' 보는 유튜브… '휴식·영감·연결', 시청 트렌드", 2018.12.28.

42 한국방송광고진흥공사, 2018 소비자 행태조사보고서, 2018.

43 <동아일보>, "'세탁기 비켜'… 건조기, 혼수가전 '넘버2' 됐다", 2018.12.28.

44 <중앙일보>, "[별별 마켓 랭킹] 박카스F·비타500, 편의점서 가장 잘 팔린 음료", 2018.07.10.

45 2018 소비자 행태조사보고서, 한국방송광고진흥공사, 2018.

46 <ZDNet Korea>, "티몬, 연령대별 모바일 구매 상품 톱10 발표", 2018.12.20.

47 Mick D. G. & DeMoss M., (1990), "Self-gifts: Phenomenological insights from four contexts", Journal of Consumer Research, 17(3), 322-332.

48 <이코노미조선>, "최근 6년來 최고 수준 아마존, 사상 최대 매출", 2018.12.31.

6장 - 감정과 라이프: 하이테크 하이터치

1 <이데일리>, "'백 투 더 퓨처' 각본가, '스마트폰 만큼은 예측할 수 없었다'", 2015.10.21.

2 Rogers Everett M., (1995), "Diffusion of Innovations. 4th ed", New York: Free Press.

3 Mick D. G. & Fournier S., (1998), "Paradoxes of technology: Consumer cognizance, emotions, and coping strategies", Journal of Consumer research, 25(2), 123-143. [논리적으로 참과 거짓을 판단하기 어려운 모순된 경우를 패러독스라고 한다. 패러독스는 X이면서도 동시에 X가 아닌 상황(both X and not X at the same time)과 같다. 기술로 인한 소비자들의 패러독스 경험은 다양하다. 새로움/구식(new/obsolete), 자유/의존(freedom/enslavement), 통제/혼란 (control/chaos). 능력/무능력(competence/incompetence), 효율/비효율(efficiency/inefficiency), 충족/다른 욕구(fulfills/creates needs), 몰입/혼란(engaging/disengaging), 그리고 동화됨/외로움 (assimilation/isolation)이 있다.]

4 제프리 A. 무어, 『캐즘 마케팅』, 유승삼 옮김, 세종서적, 2002.

5 Wood S. L. & Moreau C. P., (2006), "From fear to loathing? How emotion influences the evaluation and early use of innovations", Journal of Marketing, 70(3), 44-57.

6 이치호, "오감인식 기술이 불러오는 혁신", SERI 경영노트, 180호, 삼성경제연구소, 2013.

7 "10 Cases of Appropriate Technology"(listverse.com/2010/06/12/10-cases-of-appropriate-technology/)

8 정확히는 감각수용기다. 예를 들어 시각의 감각기관은 눈이지만 감각수용기는 망막에 있다. 감각수용기를 통한 시각신호가 뇌로 전달되어 처리된다.

9 Peck J. & Shu S. B., (2009), "The effect of mere touch on perceived ownership", Journal of consumer Research, 36(3), 434-447.

10 Spence C. & Gallace A., (2011), "Multisensory design: Reaching out to touch the consumer", Psychology & Marketing, 28(3), 267-308.

11 www.corning.com/worldwide/en/innovation/a-day-made-of-glass.html

12 구글이 진행하는 솔리(soli) 프로젝트는 실제 손가락으로 건드리지 않아도 기기 작동이

가능하다.

13 가상현실(VR)은 특정한 상황이나 환경이 모두 가상으로 재현된 세계에서 실제와 같은 경험을 제공하는 기술인 반면, 증강현실(AR)은 현실의 이미지나 모습에 가상의 정보를 새롭게 추가해 보여주는 기술이라는 점에서 차이가 있다.

14 Hong J. & Sun Y., (2011), "Warm it up with love: The effect of physical coldness on liking of romance movies", Journal of Consumer Research, 39(2), 293-306.

15 Shin D., (2018), "Empathy and embodied experience in virtual environment: To what extent can virtual reality stimulate empathy and embodied experience?", Computers in Human Behavior, 78, 64-73.

16 Yim M. Y. C., Chu S. C. & Sauer P. L., (2017), "Is augmented reality technology an effective tool for e-commerce? An interactivity and vividness perspective", Journal of Interactive Marketing, 39, 89-103.

17 Serrano B., Baños R. M. & Botella C., (2016), "Virtual reality and stimulation of touch and smell for inducing relaxation: A randomized controlled trial", Computers in Human Behavior, 55, 1-8.

18 Lin J. H. T., (2017), "Fear in virtual reality (VR): Fear elements, coping reactions, immediate and next-day fright responses toward a survival horror zombie virtual reality game", Computers in Human Behavior, 72, 350-361.

19 미하이 칙센트미하이, 『몰입의 즐거움』, 이희재 옮김, 해냄, 2007.

20 Hoffman D. L. & Novak T. P., (2009), "Flow online: lessons learned and future prospects", Journal of interactive marketing, 23(1), 23-34.

21 Clark D., (2013), "Electronics Develop a Sixth Sense", Wall Street Journal. Jan. 7.

22 이치호, "오감인식 기술이 불러오는 혁신", SERI 경영노트, 180호. 삼성경제연구소, 2013.

23 Hoffman D. L. & Novak T. P., (2017), "Consumer and object experience in the internet of things: An assemblage theory approach", Journal of Consumer Research, 44(6), 1178-1204.

24 <IT조선>, "[테크위크 2018] 롯데쇼핑 인공지능, 쇼핑 넘어 생활과 업무까지 바꾼다", 2018.11.29.

25 Tussyadiah I. P. & Park S., (2018), "Consumer Evaluation of Hotel Service Robots", In Information and Communication Technologies in Tourism 2018 (pp. 308-320). Springer, Cham.

26 Terry C. & Cain J., (2016), "The emerging issue of digital empathy", American Journal of Pharmaceutical Education, 80(4), 58.

27 <이코노믹리뷰>, "인공지능 사용 목적은 '시간과 돈 절약'", 2018.09.17.

28 McCoy J. P. & Ullman T. D., (2018), "A Minimal Turing Test", Journal of Experimental Social Psychology, 79, 1-8.

29 김난도 외, 『트렌드 코리아 2018』, 미래의 창, 2017. [언택트는 부정접두사(un)와 접촉 (contact)이 합쳐진 신조어다.]

30 Meuter M. L., Ostrom A. L., Roundtree R. I. & Bitner M. J., (2000), "Self-service technologies: understanding customer satisfaction with technology-based service encounters", Journal of marketing, 64(3), 50-64.

31 Giebelhausen M., Robinson S. G., Sirianni N. J. & Brady M. K., (2014), "Touch versus tech: When technology functions as a barrier or a benefit to service encounters", Journal of Marketing, 78(4), 113-124.

32 파코 언더힐, 『쇼핑의 과학』, 신현승 옮김, 세종서적, 2005.

33 Verhoef P. C., Kannan P. K. & Inman J. J., (2015), "From multi-channel retailing to omni-channel retailing: introduction to the special issue on multi-channel retailing", Journal of retailing, 91(2), 174-181.

34 한국패션협회 선정 2018년 패션산업 10대 뉴스(www.koreafashion.org)

35 Giebelhausen M., Robinson S. G., Sirianni N. J. & Brady M. K., (2014), "Touch versus tech: When technology functions as a barrier or a benefit to service encounters", Journal of Marketing, 78(4), 113-124.

에필로그: 기업에게 감정의 눈이 필요하다

1 www.greatplacetowork.com/certified-company/1000226 [일하기 좋은 100대 기업 2018년 1위 기업인 세일즈포스(sales force)의 직원 95%는 이곳에 다니는 것이 자랑스럽다고 말한 다.]

2 가와시마 요코·마스다 무네아키, 『츠타야, 그 수수께끼』, 이미경 옮김, 베가북스, 2018.

3 <매일경제>, "[Biz Focus] '직원이 행복해야 생산성 올라…행복한 일터를 디자인 하라'", 2018.09. 28.

4 Wilder K. M., Collier J. E. & Barnes D. C., (2014), "Tailoring to customers' needs: Understanding how to promote an adaptive service experience with frontline employees", Journal of Service Research, 17(4), 446-459.

5 Pine B. J. & Gilmore J. H., (1998), "Welcome to the experience economy", Harvard business review, 76, 97-105.

6 번트 슈미트, 『번 슈미트의 체험 마케팅』, 윤경구 외 옮김, 김앤김북스, 2013.

감정을 팔아라

초판 1쇄 발행 2019년 2월 25일
지은이 김해룡·안광호
펴낸곳 원앤원북스
펴낸이 오운영
경영총괄 박종명
편집 채지혜·최윤정·김효주·이광민
마케팅 안대현
등록번호 제2018-000058호(2018년 1월 23일)
주소 04091 서울시 마포구 토정로 222 한국출판콘텐츠센터 306호(신수동)
전화 (02)719-7735 | **팩스** (02)719-7736
이메일 onobooks2018@naver.com | **블로그** blog.naver.com/onobooks2018
값 15,000원
ISBN 979-11-89344-52-8 03320

이 도서의 국립중앙도서관 출판예정도서목록(CIP)은 서지정보유통지원시스템 홈페이지(http://seoji.nl.go.kr)와 국가자료공동목록시스템(http://www.nl.go.kr/kolisnet)에서 이용하실 수 있습니다.(CIP제어번호: CIP2019003725)

* 원앤원북스는 독자 여러분의 소중한 아이디어와 원고 투고를 기다리고 있습니다.
　원고가 있으신 분은 onobooks2018@naver.com으로 간단한 기획의도와 개요, 연락처를 보내주세요.